Keramik for alle

10 gode ideer til leg med ler

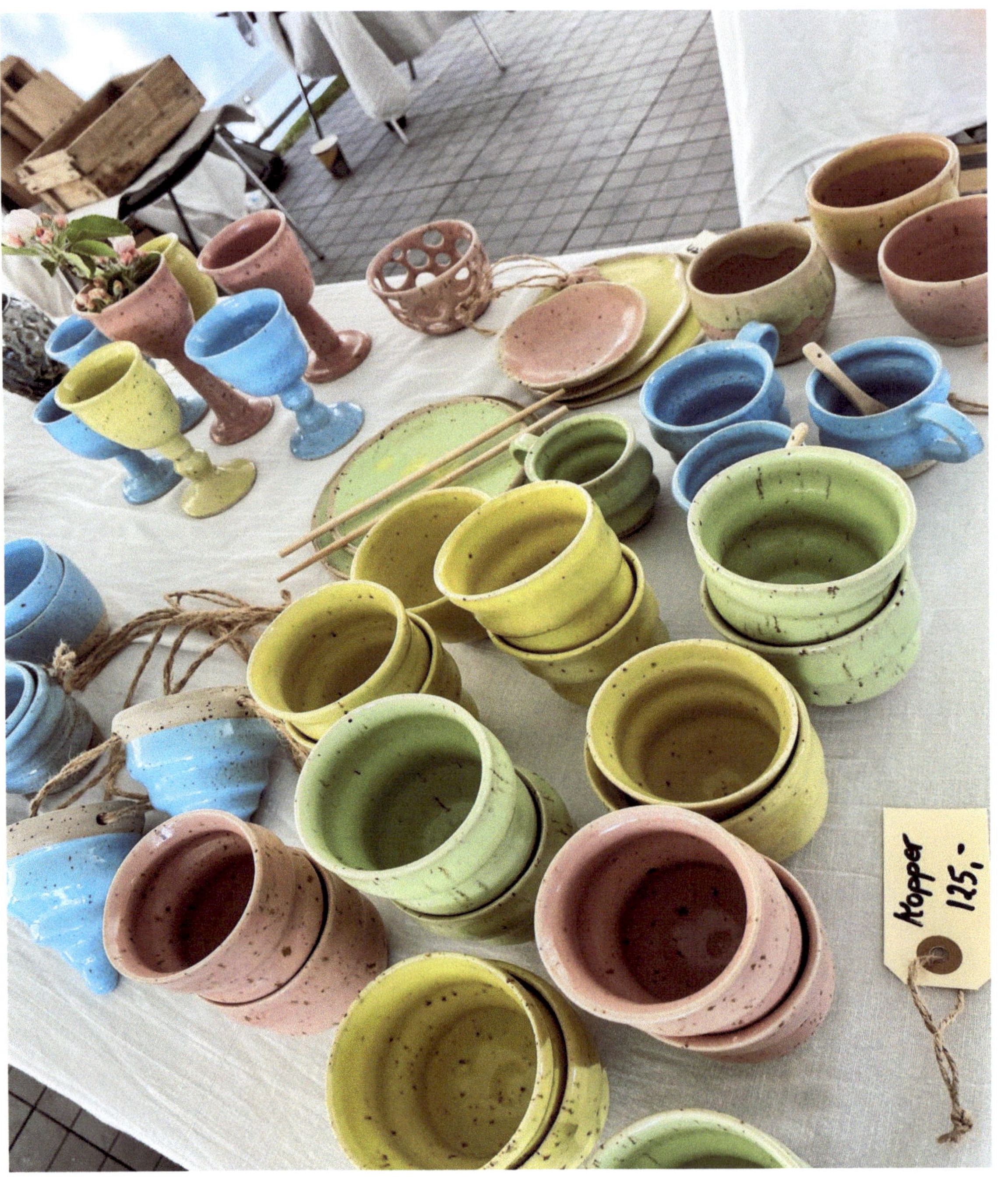
Kopper
125,-

Keramik For alle

10 gode ideer til leg med ler

Gitte Merethe Baggesen

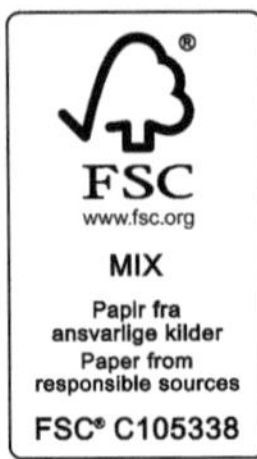

Redaktion: Herluf Baggesen og Anne Badsberg-Nielsen

Bogen er sat i Amatic SC og Trebuchet MS

Forlag: BoD · Books on Demand GmbH, In de Tarpen 42, 22848 Norderstedt, Tyskland

Tryk: Libri Plureos GmbH, Friedensallee 273, 22763 Hamborg, Tyskland

ISBN: 978-87-4305-701-7

Introduktion

Jeg hedder Gitte Merethe Baggesen. Jeg er uddannet lærer og voksenunderviser og har undervist mange år på skoler, billedskoler og højskole. Jeg er selvlært inden for keramikken og arbejder med det i mit eget lille skurvogns-værksted i min have. Værkstedet er blevet mit fristed henover de sidste 8-10 år. Her tænkes de store tanker om livet, der grines og grædes, og masser af god musik vælter ud af højtaleren.

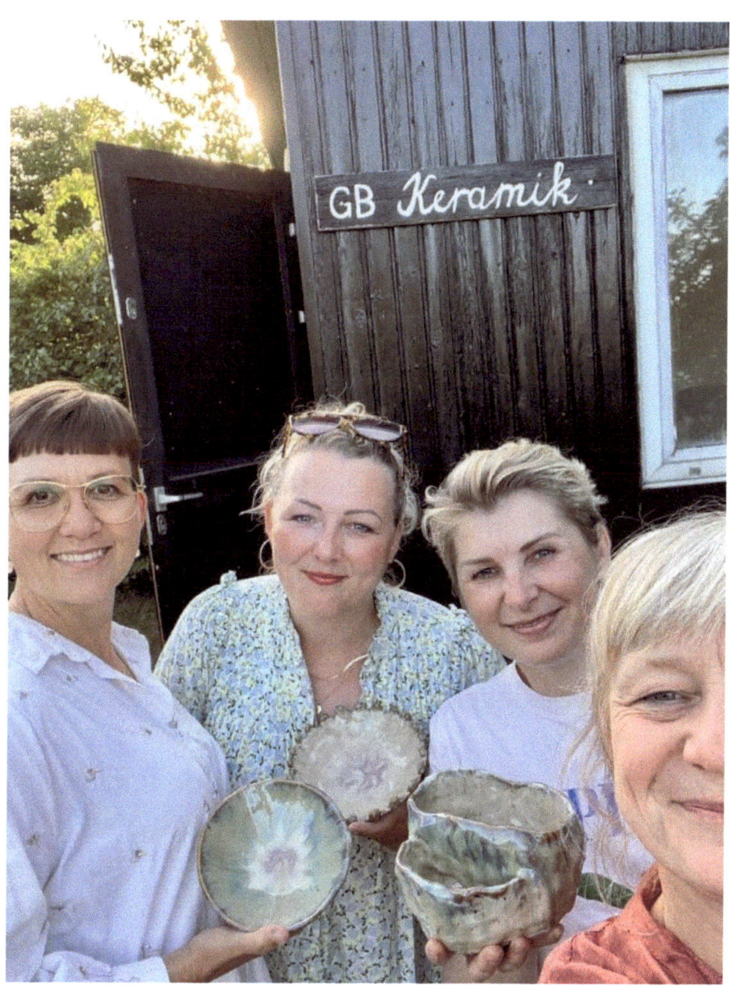

Henover sommeren holder jeg kurser for både voksne og børn. Det er en stor fornøjelse for mig at undervise og dele min passion med andre.

Jeg oplever ofte, at i værkstedet finder kursisterne som jeg et frirum til at lege og fordybe sig i projekter. Håndarbejdet med leret kan være vejen til at finde ro og trivsel i livet. Her kan der hentes ny energi til en hverdag, som måske bærer præg af stress.

Min intention med denne bog

Bogen er skrevet med en grundtanke om, at alle skal kunne komme i gang med at lave keramik uanset alder, erfaring, udstyr og talent. Man skal kunne bruge de redskaber, man har i huset eller kunne købe brugt.

Man kan komme godt i gang ved at bruge de 10 konkrete idéer her fra bogen og følge anvisningerne trin for trin, eller man kan plukke lidt her og der og selv være kreativ med nye ideer. Det er mit store ønske, at børn og voksne vil få lyst til at lege og eksperimentere med både ler, glasur, teknikker og håndværk.
Hvis man arbejder som lærer, håber jeg, at denne bog kan inspirere til undervisningen og forhåbentlig være en hjælp til både forberedelse og praksis.
At lære et håndværk, arbejde praktisk og at fordybe sig i processen er desværre undervurderet og nedprioriteret i mange skoler i dag. Keramik er et område, som enten er blevet glemt eller opgivet. Det er desværre ofte erstattet af hurtige løsninger, for eksempel trylledej eller billig dekorationsler af meget ringe kvalitet. Brænding og glasering er droppet, og man har i stedet malet keramikken med akrylmaling. Det er frygteligt ærgerligt og uinspirerende for både oplevelsen og læringen. Børnene kommer hjem med keramik, som ikke bare er grimt, men som heller ikke holder, når det ikke er brændt.
Børn skal, udover selvfølgelig inspirerende undervisning, have gode materialer til rådighed, og de skal have masser af tid til at få lærerige oplevelser og flotte kreationer med hjem.

Som underviser får du med denne bog en overskuelig og enkel gennemgang af håndværket, og du får færdige undervisningsforløb lige til at bruge. Jeg håber, at alle, børn som voksne, vil opleve samme fantastiske glæde og fordybelse i keramikken, som jeg gør.

Jeg vil gerne sende en hjertelig tak til alle I skønne kursister som har været med i mit keramikværksted gennem årene. I har i den grad inspireret mig og givet mig lyst og mod til at lave denne bog.

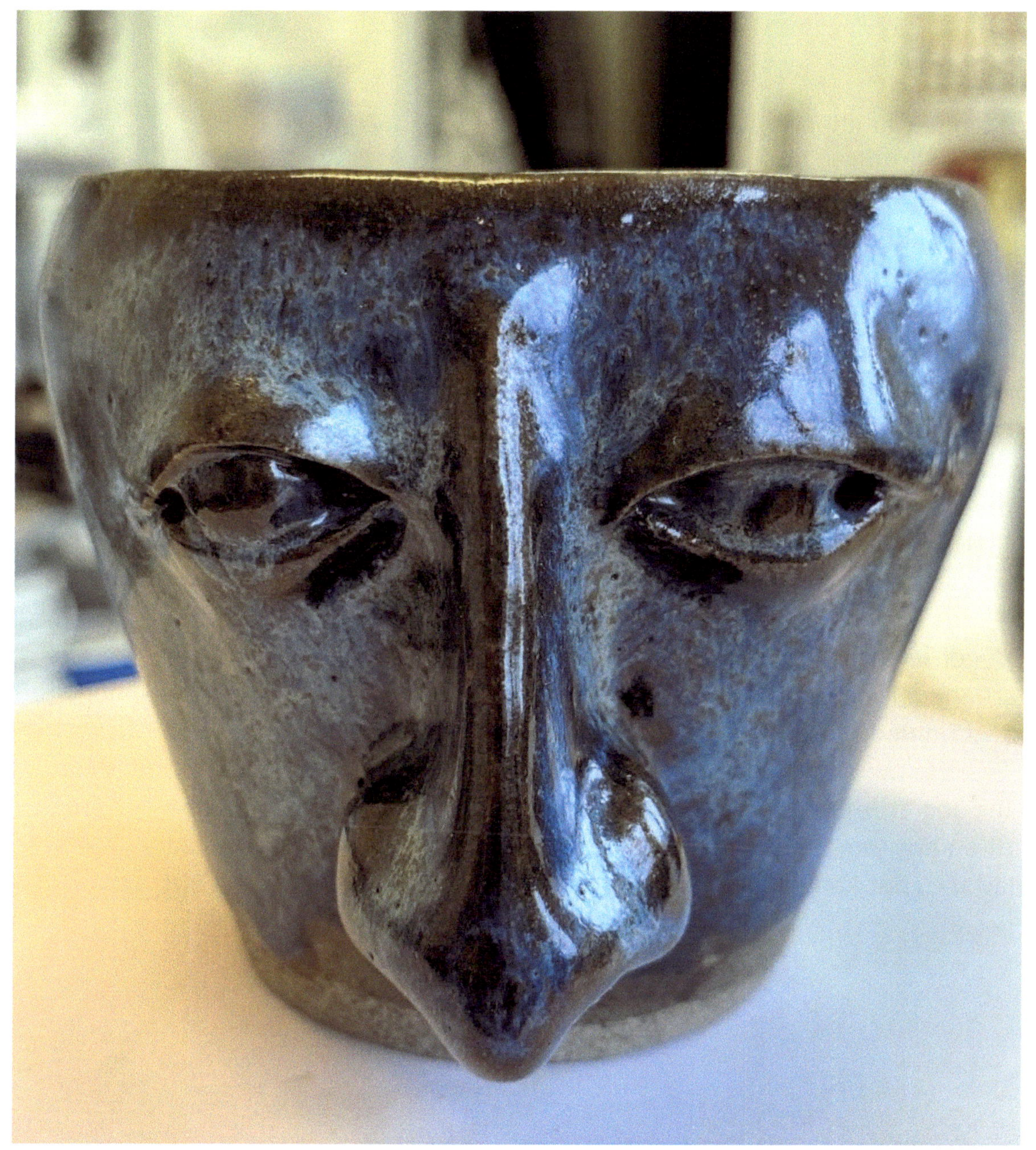

Hvad er ler?

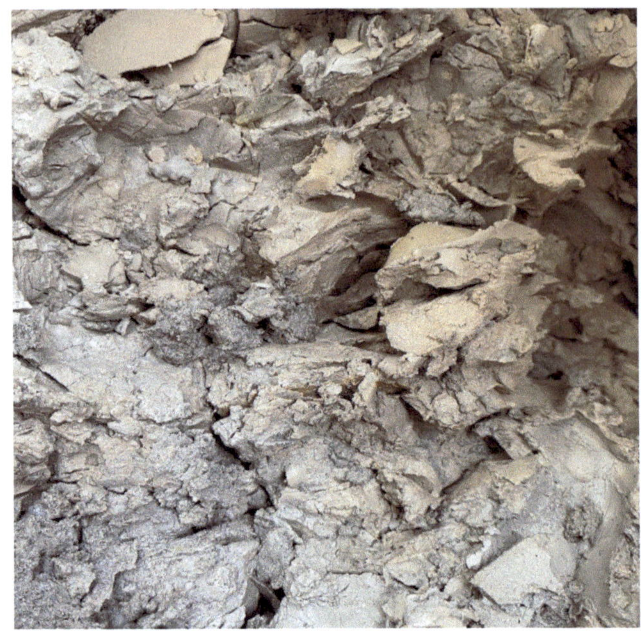

Ler er jord dannet af klipper, som gennem årtusinder er nedbrudt af vind, vejr og smeltevand. Så længe jorden har eksisteret, har frosten sprængt klipperne, og der er dannet en masse, der kaldes kaolin. Smeltevandet har ført kaolinen, sten, grus, planterester og mineraler til lavere liggende områder. Det ler, man finder her, kan derfor indeholde meget forskellige sammensætninger alt efter, hvor kaolinen er blevet revet med hen af smeltevandet. Det, vi kender som rødler, har for eksempel et højt indhold af jern. Tænk på farven, når jern ruster. Der findes både rødler, blåler og moler i naturen i Danmark.
Før man bruger leret, bliver det renset for de groveste urenheder, og det bliver æltet godt for at gøre det elastisk og for at undgå luftbobler, som gerne vil ud under brændingen.

Den type ler, jeg arbejder med, er tysk stentøjsler som blandt andet indeholder granit. Den kan brændes til en høj temperatur op til 1260°. Den kan efter brænding tåle både frostvejr og opvaskemaskine, det kan lertøjsler ikke.

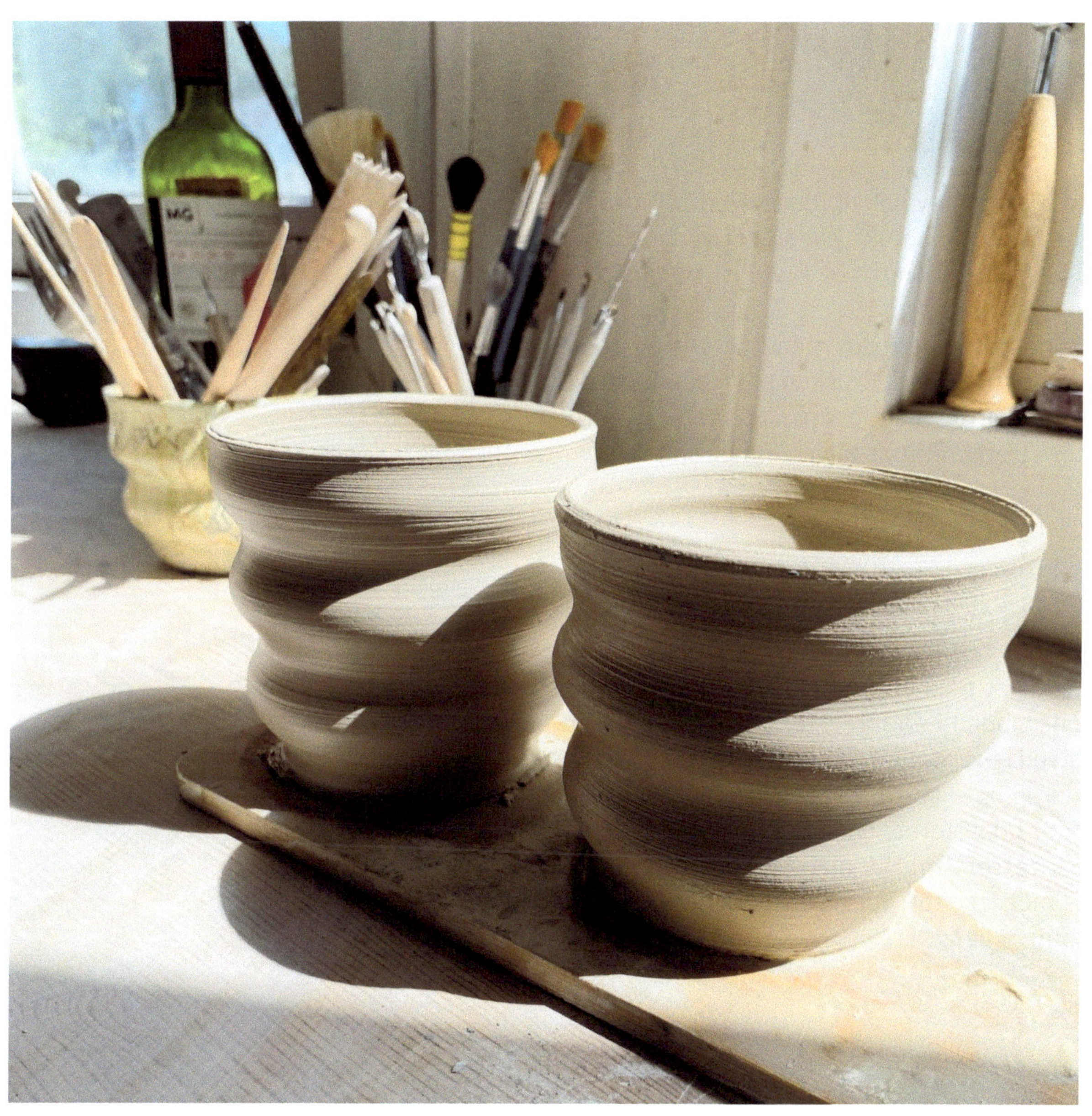
MG

Formning af ler

Udhuling ved pres

Den første krukke blev nok opfundet ved et tilfælde. Forestil dig, at et menneske har siddet ved et bål med en klump blødt ler i hånden og fået lyst til at trykke tommelen ind i leret!
Så har hun bevæget sig rundt med fingrene og på den måde udvidet størrelsen. Krukken er måske blevet brugt på bålet til at varme mad, og man har opdaget at den faktisk blev stærkere af at blive varmet op!

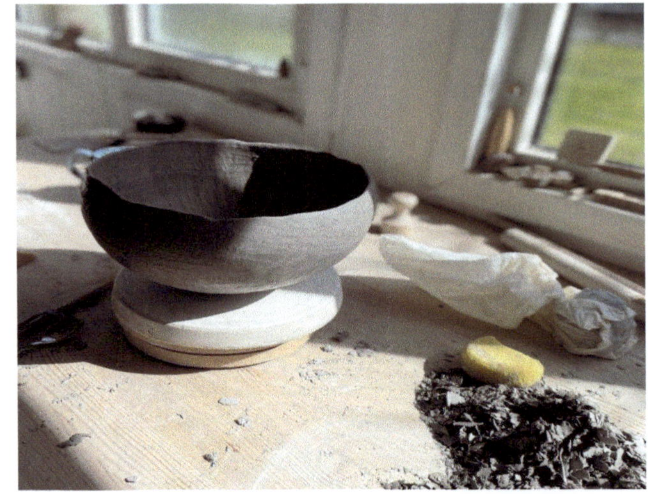

Brug af en form

En skål kan laves med en form. Man lægger et lag ler uden på eller inden i en form, for eksempel en rund sten, en strudse-æggeskal, en kokosnød eller et græskar. I dag bruger vi også gerne støbte gipsforme, fordi gipsen suger vandet ud af leret, og det derfor slipper let. Det kaldes en kvætseform. Har man ikke sådan en, kan man lægge et tyndt lag stof, for eksempel en nylonstrømpe, mellem form og ler.

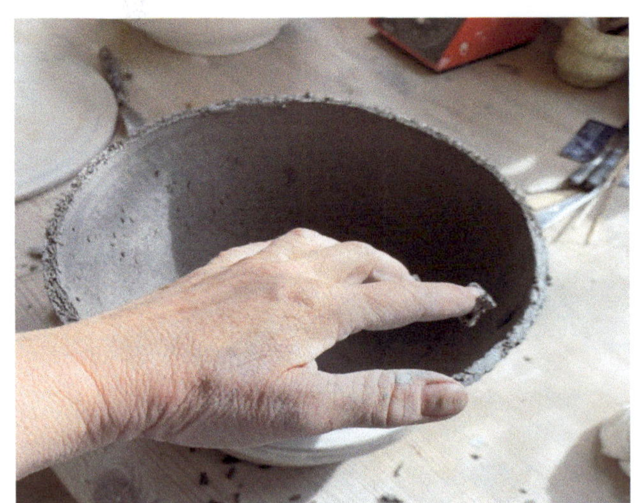

Pølseteknik

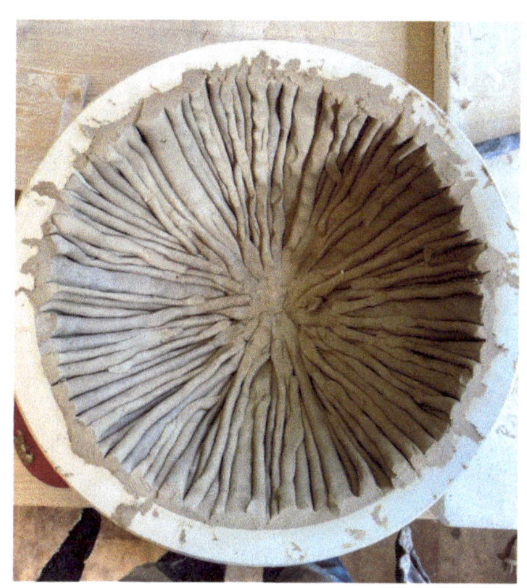

Pølseteknik er den første egentlige teknik til at bygge i ler. For 8000 år siden forede eller beklædte man en form med ler ved at lægge rullede pølser ovenpå hinanden. De glattes ud og danner en væg. Når leret tørrer, skrumper det og er let at fjerne fra formen. Teknikken med pølser bruges også til frit modellerede former. Skal formen gå ind, laves pølserne gradvis mindre i omkreds, og større, hvis formen skal ud.

Pladeteknik

Man ruller leret i plader i samme tykkelse. Man skærer dem ud og sætter dem sammen med slikker. Slikker er tørt, knust ler, som er rørt med vand til en "lim". Det er en teknik, som er god til for eksempel små huse, flade tallerkner og fade. Man kan selvfølgelig også lave kopper og krukker i runde former.

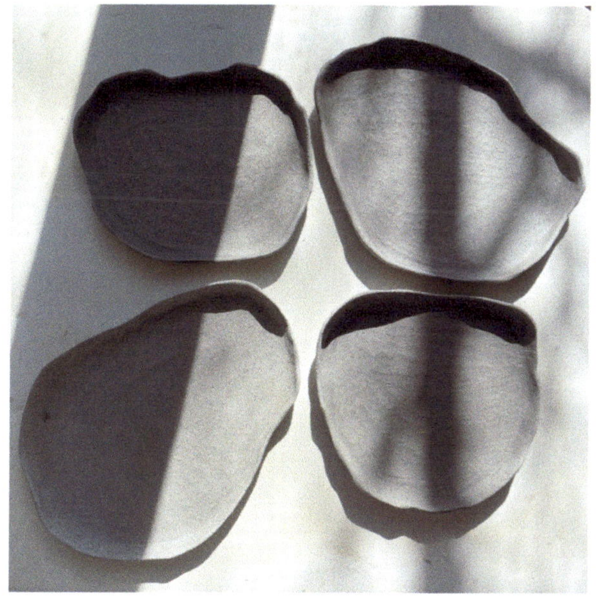

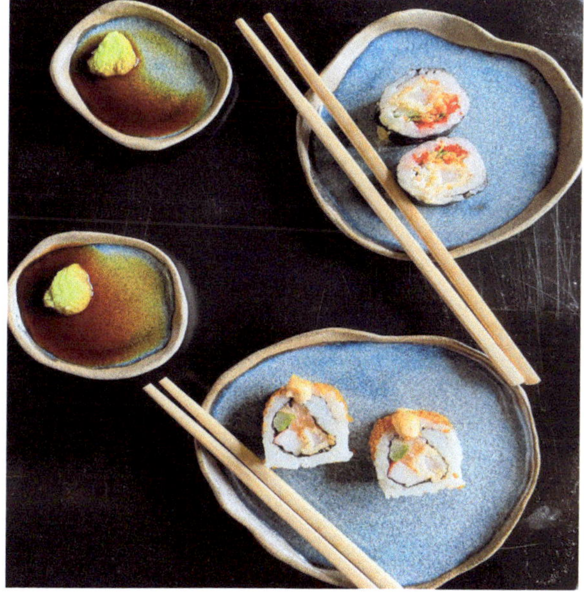

Drejeteknik

Først skal man centrere lerklumpen på skiven. Hele klumpen skal presses og kontrolleres for at sidde nøjagtigt midt på skiven, derefter presses leret i form, mens den drejer rundt.
I dag bruger de fleste keramikere en elektrisk drejeskive, så man ikke skal bruge foden og kroppen til at sparke, men kan holde kroppen i ro og kun lige bruge sin fod på speederen. Lykkes centreringen ikke, går det galt senere.Det kan være svært at få noget tilfredsstillende produkt ud af det de første mange gange, men husk at nyde legen og følelsen af leret i hænderne og fokusér på processen. Det er svært at forklare håndgreb og teknik med ord alene, så jeg vil anbefale, at man også går på internettet for at se nogle små film om centrering og drejning.

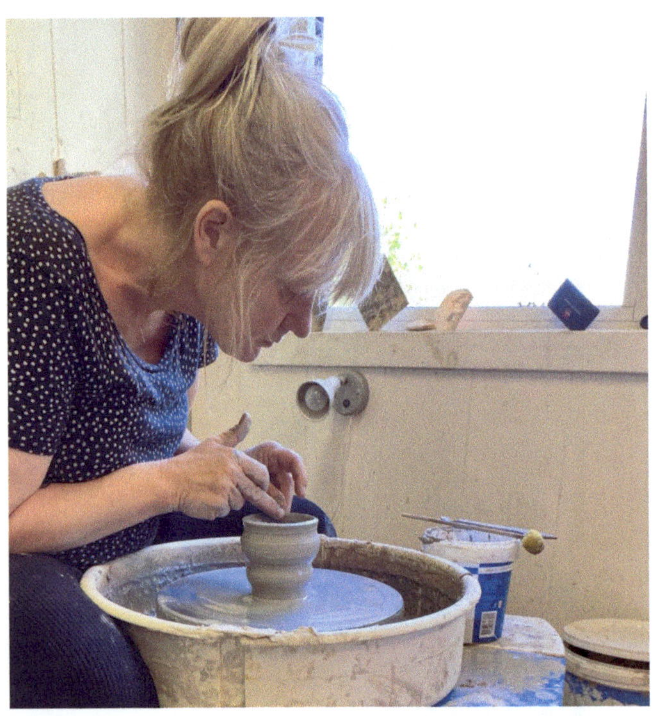

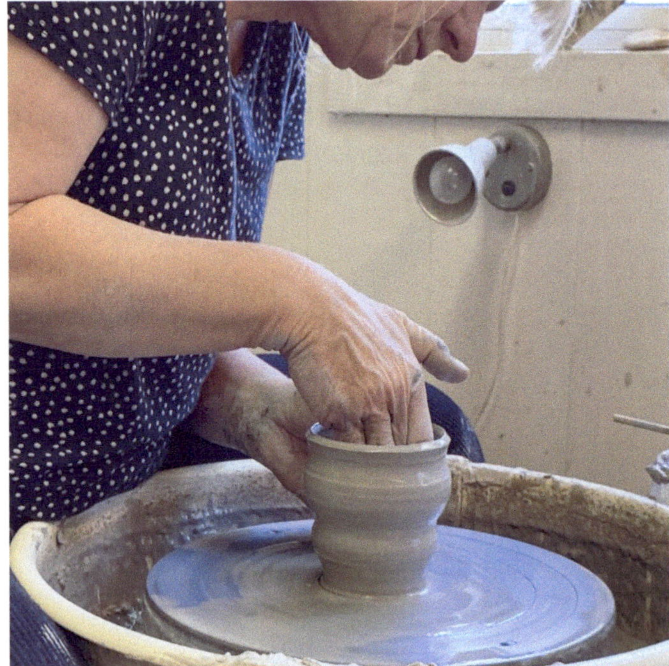

DREJESKIVEN

Den gode drejeskive har en stærk motor, så den kører stabilt, selv når man skal centrere flere kilo ler. Den har en god siddehøjde, hvor du kan komme helt tæt på, og den har en drypbakke, som opsamler vand og ler.
Er du nybegynder, vil jeg anbefale dig enten at melde dig til et drejekursus eller leje dig ind på et værksted, inden du kaster dig ud i at købe drejeskive og ovn.

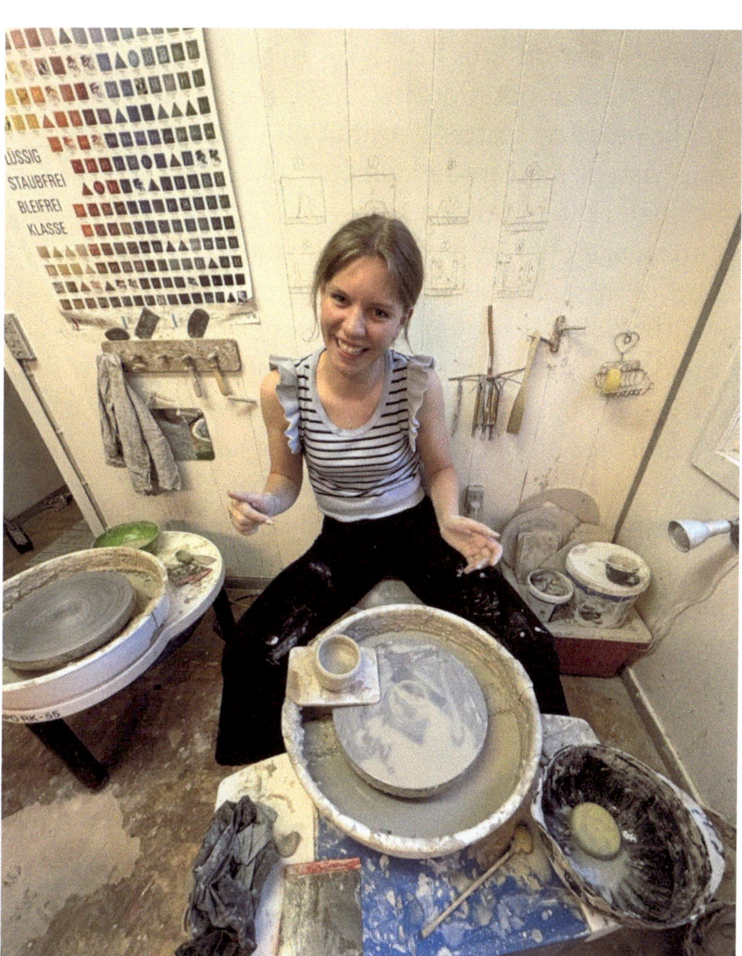

Din første drejeskive kan sagtens være en brugt mindre model fremstillet i Østen til et højst et par tusind kroner. Søg på keramik Facebook-grupper, der er køb og salg af diverse udstyr. Du kan selv hæve drejeskiven op på nogle fliser i den rigtige højde, og dens motor vil være stærk nok til at centrere 3-4 kg ler. De billige modeller er også oplagt, hvis du som lærer skal købe nogle stykker hjem til en skole.
Hvis du så går hen og bliver passioneret drejer og slet ikke kan stoppe, så vil du nyde senere at anskaffe dig en professionel drejeskive, som koster 4-5 gange så meget.

AFDREJNING

Dagen efter, når dit krus har tørret lidt og er læder hårdt, skal det afdrejes. Du vender det på hovedet og sætter det midt på skiven. Fastgør med tre lerklumper, som presses ned i pladen til støtte.
Brug en slynge eller et andet afdrejnings værktøj til at skære bunden pæn og jævn. Skær altid kun, når dit krus er i bevægelse. Lav bunden lavest i midten, så står den godt. Kruset vendes om, fastgøres på skiven igen, og der afdrejes og finpudses på øverste kant og nedad. Med en god afdrejning kan man faktisk gøre en lidt klodset og tung kop ganske fin!
Til sidst signerer du din kop i bunden, i hånden med f.eks en tandstik eller med bogstavstempler.

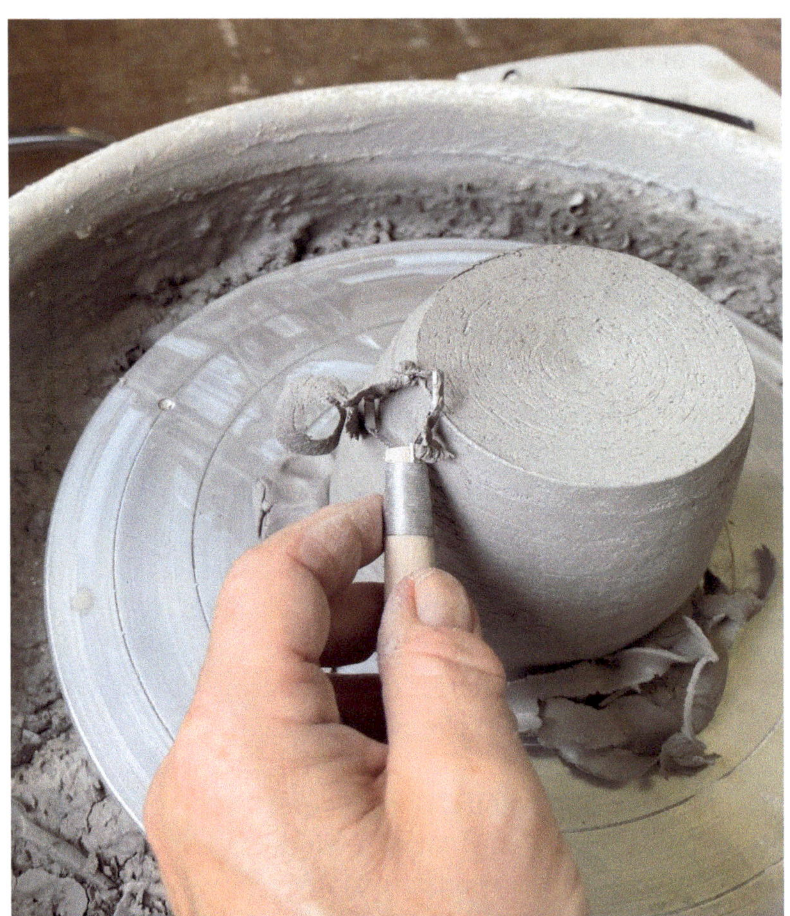

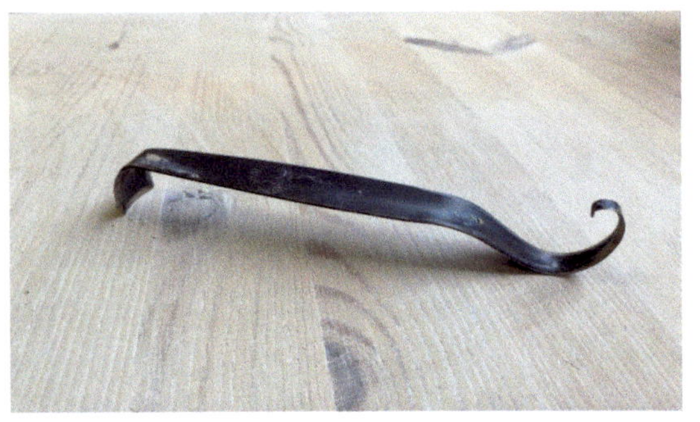

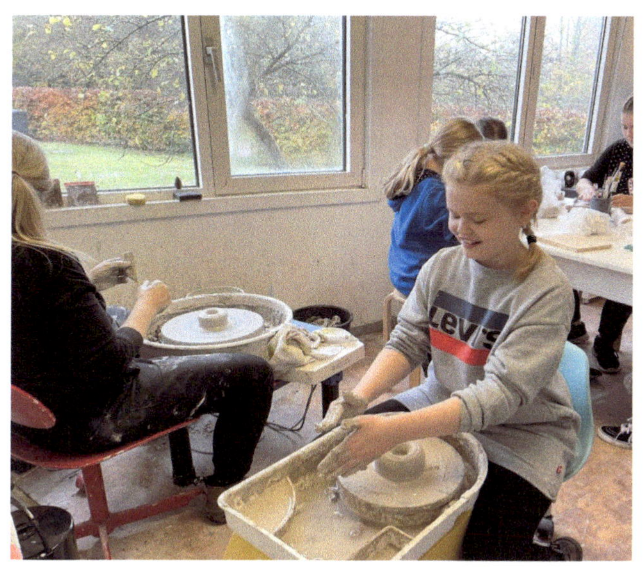
Levi's

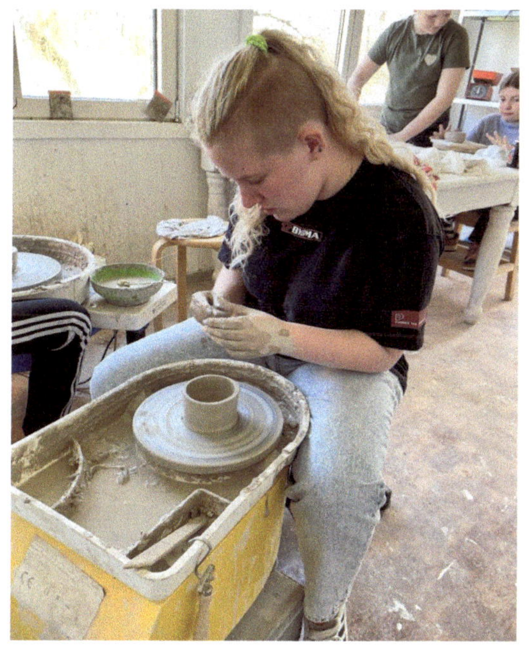

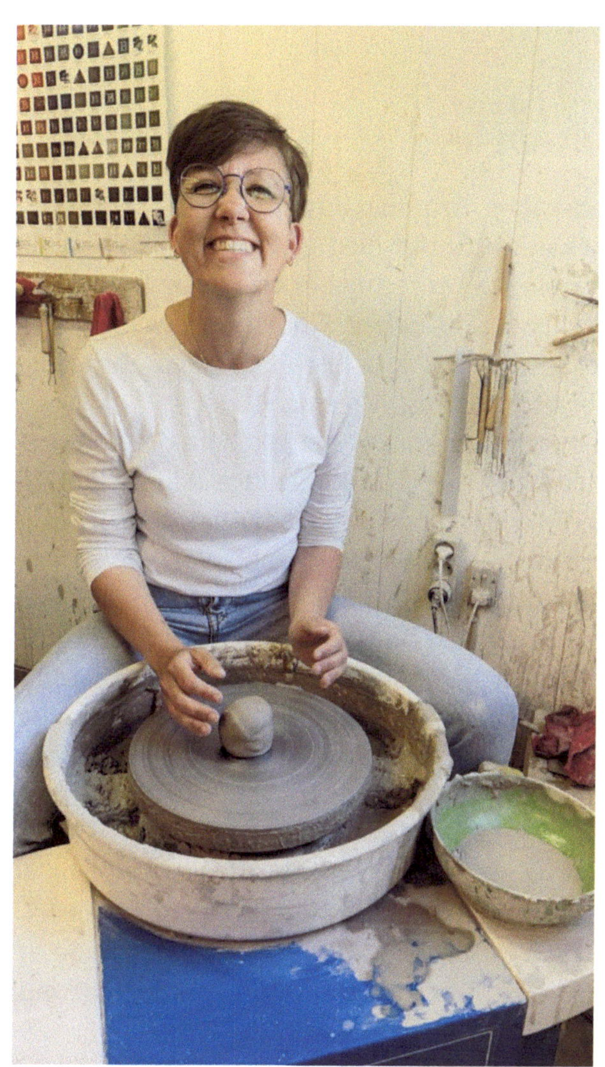

Redskaber

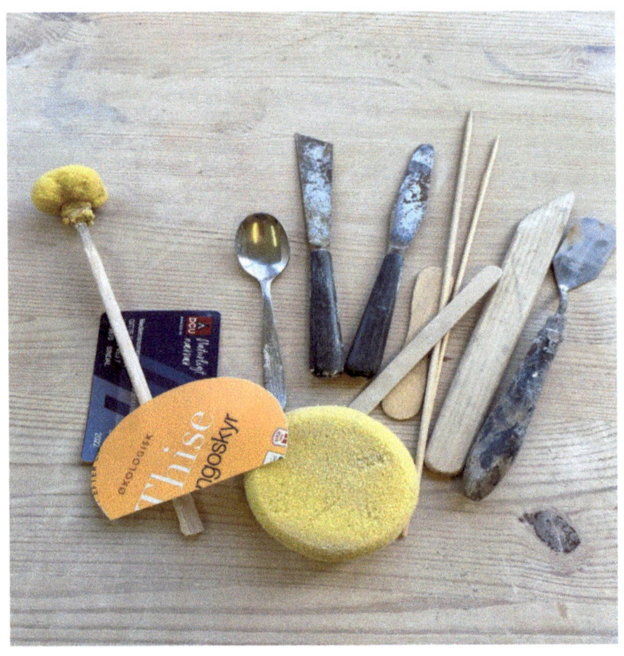

Alle redskaber i træ kan du i princippet lave selv, især hvis du kan snitte lidt med en kniv. Du kan helt sikkert finde gamle køkkenredskaber i genbrugsbutikker, som du kan tilpasse dit behov. Find knive, skeer, skåle og træredskaber. Find også lige et par smørebrikker, skærebræt og viskestykker og klude.
Et gammelt kreditkort er perfekt som drejeskinne, eller du kan klippe brugt plastemballage ud i forskellige former. Er det til en skole, er det helt oplagt, at eleverne laver nogle af redskaberne selv i værkstedet.
En rulle ståltråd eller fiskeline med tokroner bundet i enderne udgør den bedste skæretråd du kan få.
Du får også brug for svampe og slynger i forskellige størrelser. Slynger er sværere at lave selv, men kan købes ret billigt i hobbybutikker. En gammel føntørrer kan være god, hvis et lille område skal tørres hurtigt.

Du får brug for en rundstok eller kagerulle, hvis du skal arbejde i pladeteknik. Et par malerpinde eller lister til at rulle på er også godt. Det er en fordel at kunne rulle leret ud på en gipsplade, så hænger det ikke i. Find for eksempel en rest gips vægplade af dem med papir på. Med vand og iblødsætning kan du let trække papiret af. Alternativt kan du købe gipspulver og støbe en plade i en bradepande.

I min skurvogn har jeg ikke indlagt vand, i stedet har jeg et lille campingkøkken med en spand til afløb. På den måde kan jeg let tømme vand og slam ud i haven uden at stoppe hele systemet!

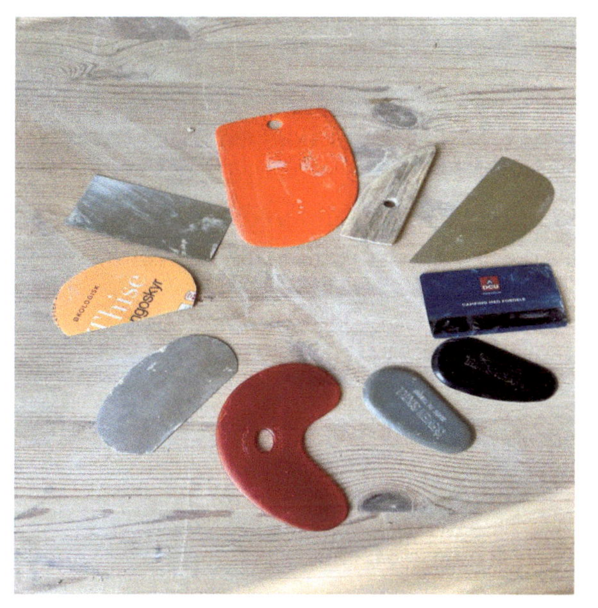
Thise

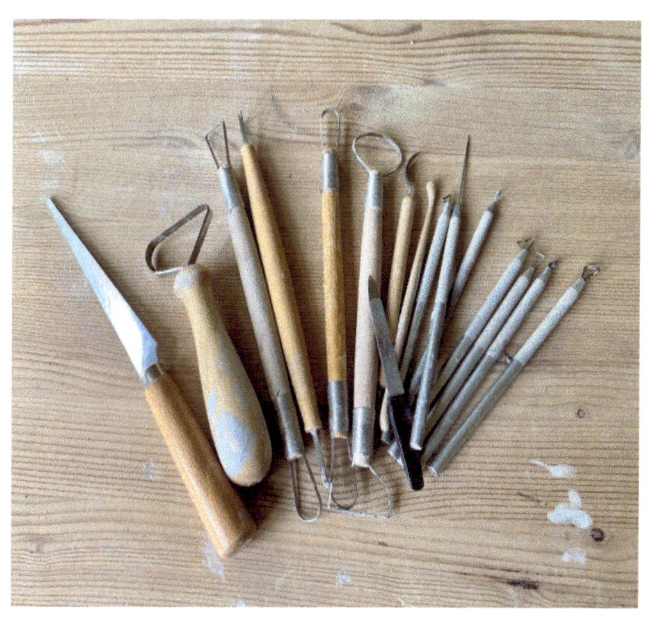

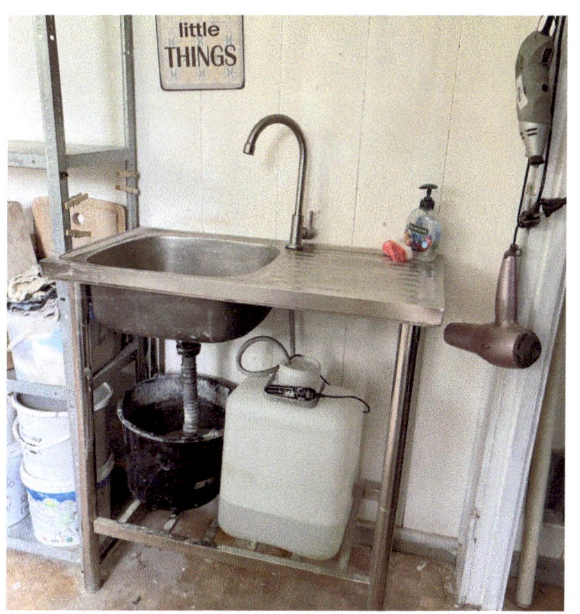
little
THINGS

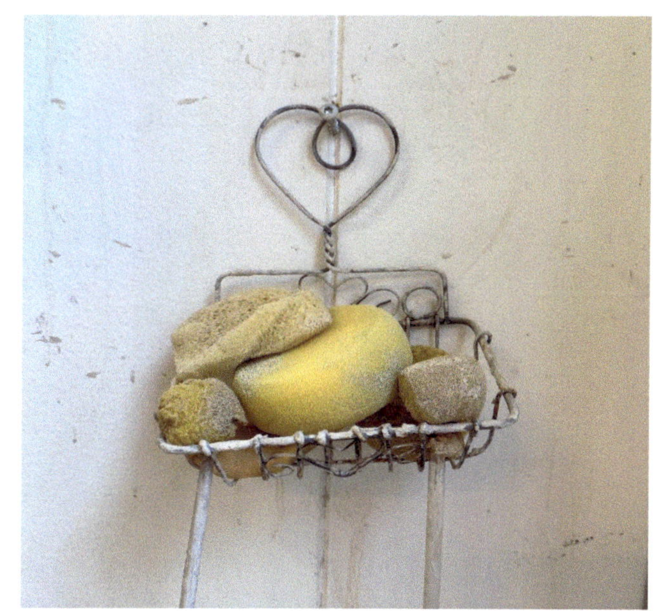

LERFARVE- BEGITNING

Dit emne kan dekoreres med lerfarver kaldet begitning, når det er læderhårdt. Du kan male det på med en pensel. Det er flydende ler med farve i, ikke glasur, derfor giver det heller ikke en blank overflade. Normalt glaserer man med en transparent oven på.
Man kan vælge at ridse eller skære motiver i begitninger. Man kan lave et relief ved at skære et motiv i en plade og fylde lerfarve i. Man kan også lave afdækning med papir, som trækkes af når farven er lagt på.

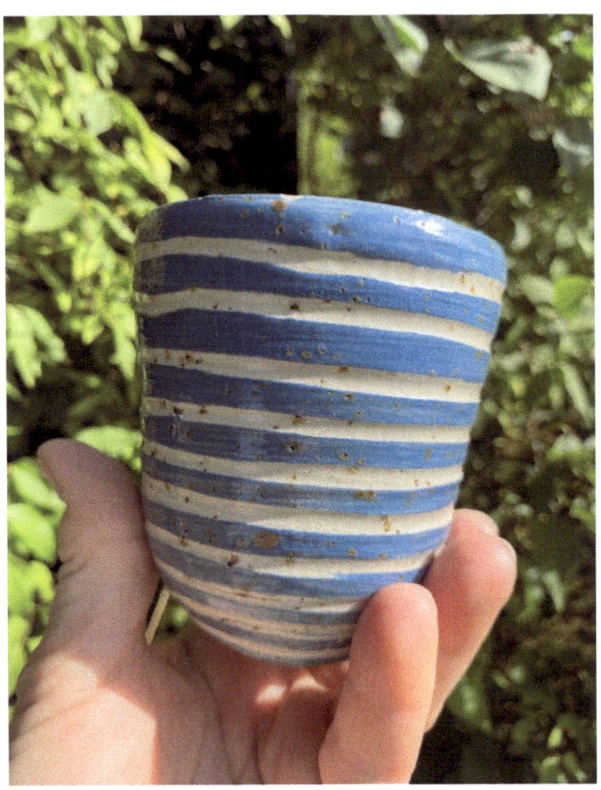

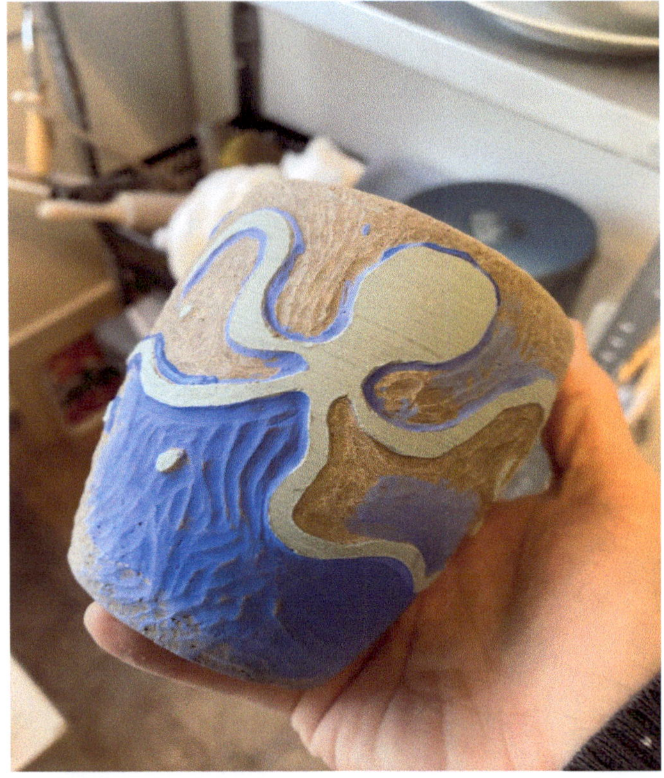

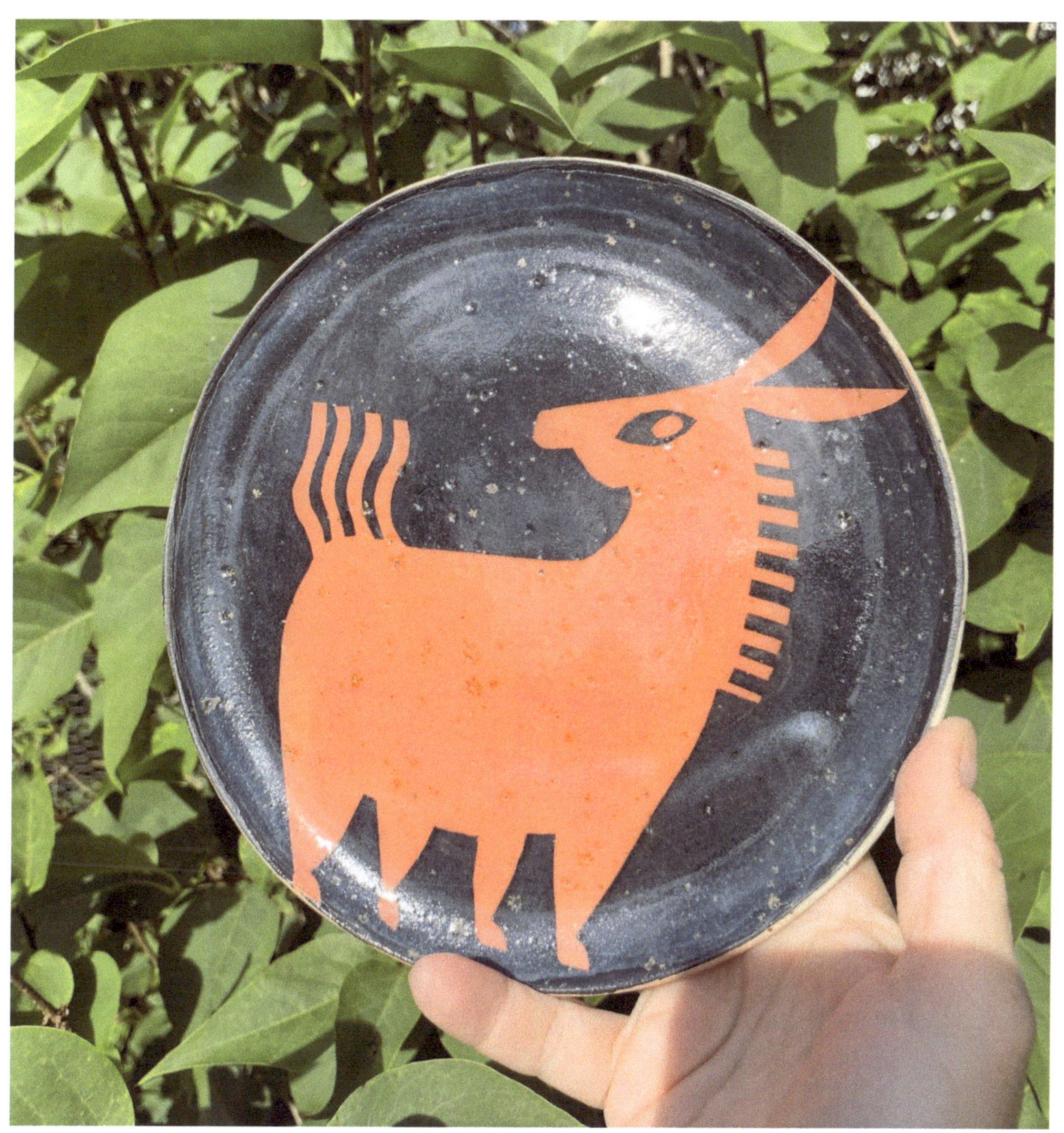

TØRRING

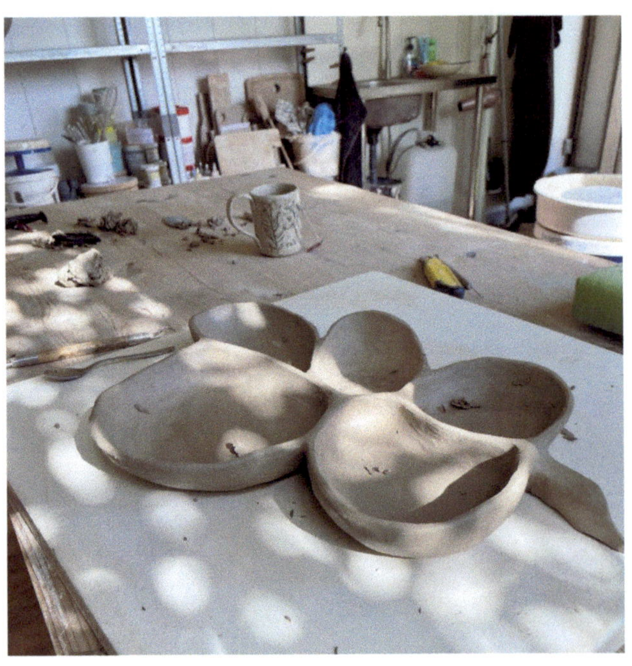

Tørring skal helst foregå langsomt, især hvis dit emne har meget forskellige tykkelser. En kop med en tynd hank eller en skulptur med tyk krop og tynde arme vil tørre uens. Du kan lægge plastik over og tage mere og mere af, først på de tykkeste dele. Hvis det tørrer for hurtigt eller uens, vil det revne.
Tallerkner eller fade, som skal være flade i bunden, kan tørre den første tid på gipspladen. Du kan eventuelt sy nogle risposer til at lægge i for at suge fugt.

Emner, som man vil vende tilbage til senere, kan med fordel sættes i en lukket plastikboks. Læg en våd svamp eller avis med i boksen, så kan leret holde fugten i ugevis ved stuetemperatur.

Krakeleringer og revner er sværere at redde, men et trick er at lave en tyk slikker med lidt eddike og lidt opblødt wc-papir i. Du smører det i sprækken og tørrer igen meget langsomt og tildækket.
Leret skal være helt tørt, inden det brændes. Er du i tvivl, så sæt det den sidste dag i vinden og solen udenfor, på brændeovnen eller i bageovnen, efter du har bagt boller!

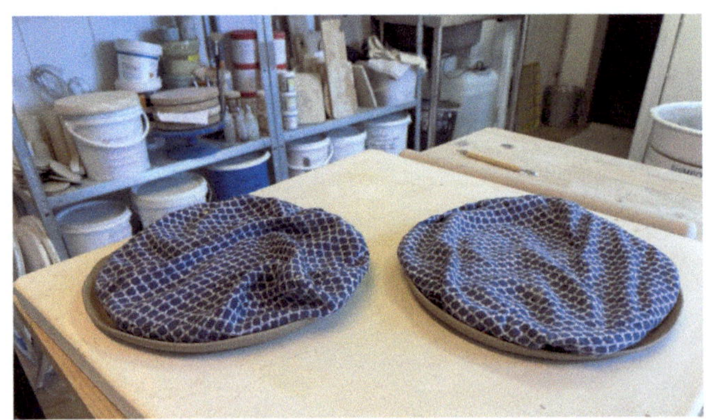

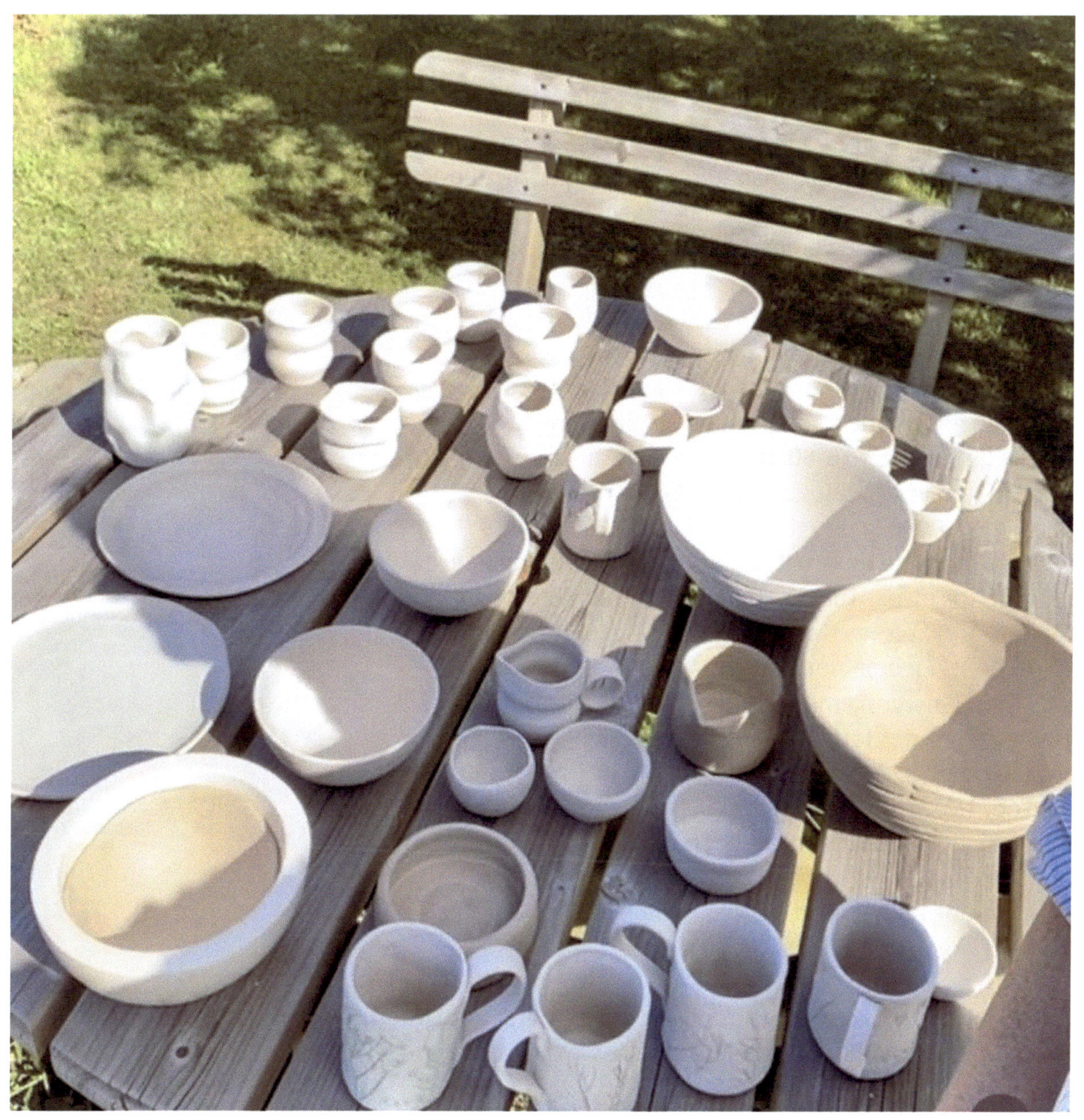

Keramikovnen

Når man har formet sin skål i ler, skal den brændes for at blive til keramik. Oprindeligt brændte man keramik i et bål. Så kom milebrænding og forskellige typer ovne blev udviklet rundt om i verden, for eksempel rakubrænding i Japan. I dag er det mest almindeligt at bruge en elektrisk ovn.

Hvis du ikke selv vil købe en ovn og brænde, kan du på Cerama's webside finde "hotspots" i hele Danmark. Det er keramikere, der tilbyder brænding og værkstedspladser.

Der findes mange gode ovne på markedet. Er det bare til dig selv, er det rigeligt med en 70-80 liters top ovn, altså en som har form som en tønde og åbnes oppefra. En ny ovn er en investering på 20-30.000 kr .

Hvis du er heldig at finde en brugt, kan du med fordel investere i nye glødetråde for et par tusind kroner, og så har du en ovn så god som ny. Det er ikke svært at skifte dem selv, hvis du finder en lille instruktionsvideo på nettet.

Ovnen købes med en styring med forudindstillede brændings programmer, som gør det let for dig at betjene den.

En brænding har typisk et forløb, hvor den interval-opvarmer, altså varmer op, slår fra, varmer op, slår fra, henover mange timer. Når den så har opnået den ønskede maksimum temperatur, slukker den, og ovnen køler langsomt ned. Hvis du gerne vil justere lidt på holdetid og max temperaturer, kan du også det.

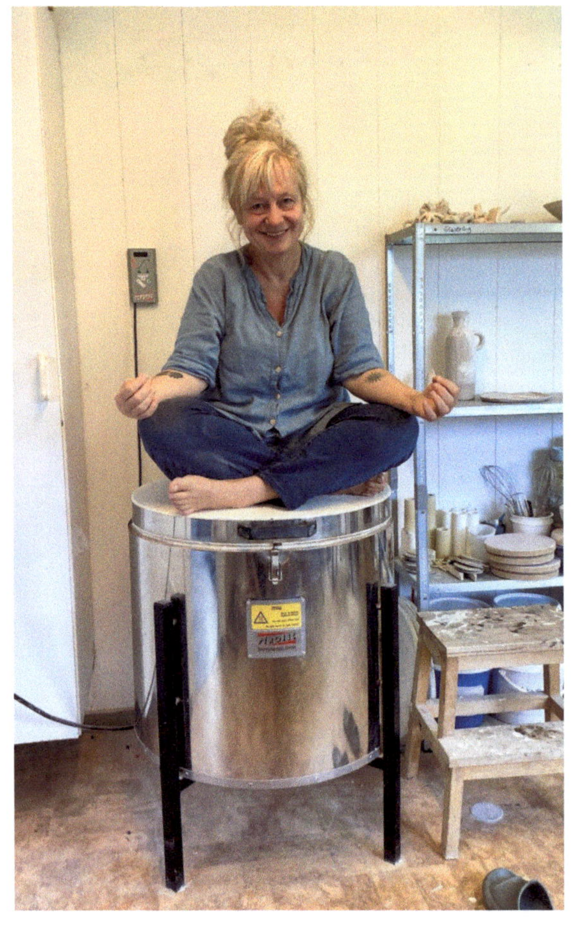

Er man underviser på en skole, er en topovn også et rigtig godt valg, så kan man nemlig brænde 28 små figurer uden at skulle vente i måneder på at fylde ovnen op!

FØRSTE BRÆNDING - FORGLØDNING

Første brænding kaldes en forglødning, typisk går den op til 950˚. Den tager 6-8 timer. Du kan stable emnerne tæt i ovnen inden i hinanden. Du skal bare undgå, at de står i spænd. Leret begynder at smelte sammen, porøsiteten forsvinder, leret bliver til keramik. Det er nu i stand til at suge glasur uden at gå i opløsning. Ovnen skal køle helt ned, før du åbner den.

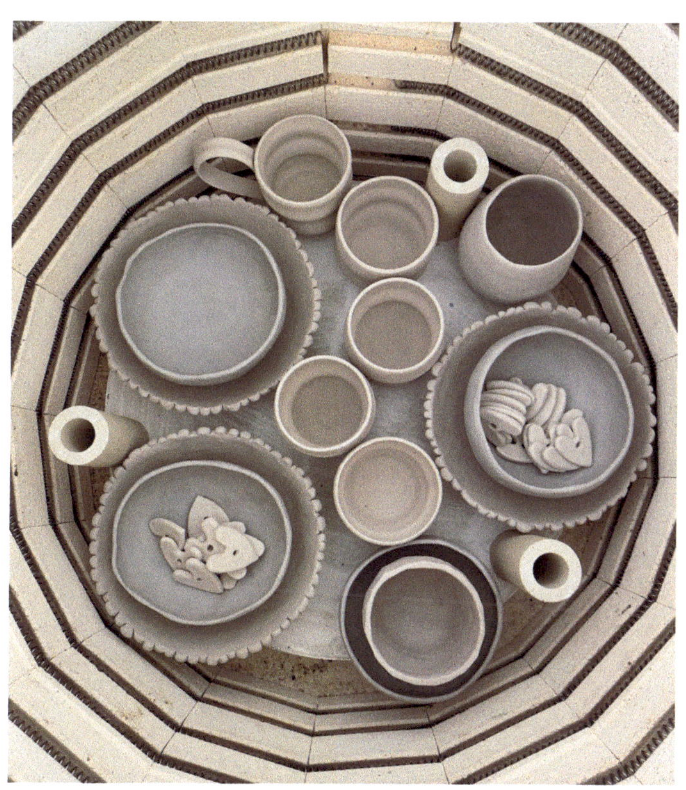

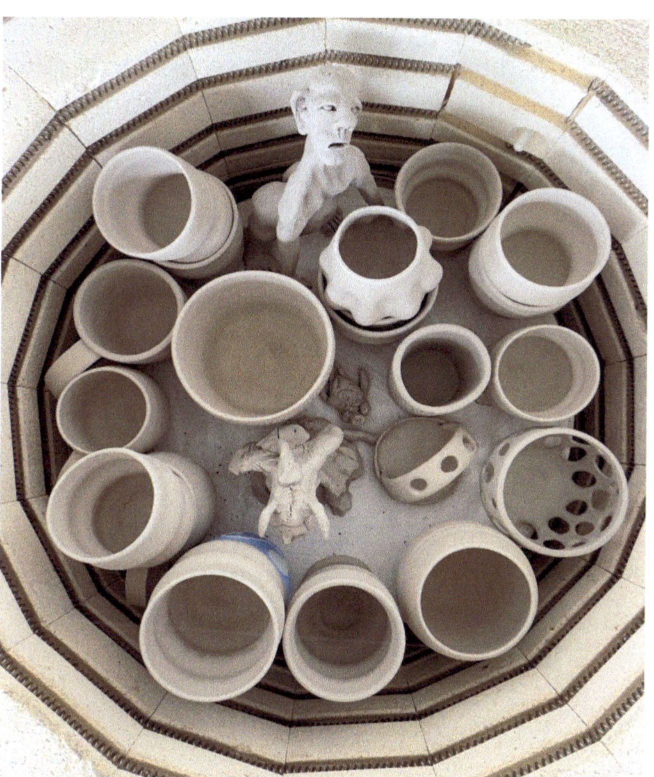

GLASERING - DYPPE GLASUR

Glasur købes i pulverform, som du selv skal piske op med vand. Blandingsforholdet står på posen. Der findes et hav af flotte glasurer på markedet, og du kan eksperimentere med smukke blandinger og effekter.
Jeg anbefaler, at du starter med 3-4 forskellige farver, så du får nogle, du bliver helt sikker på.
Du kan altid udvide din samling senere. Hvis du vælger at arbejde med lerfarver, får du også brug for en transparent glasur til dem.

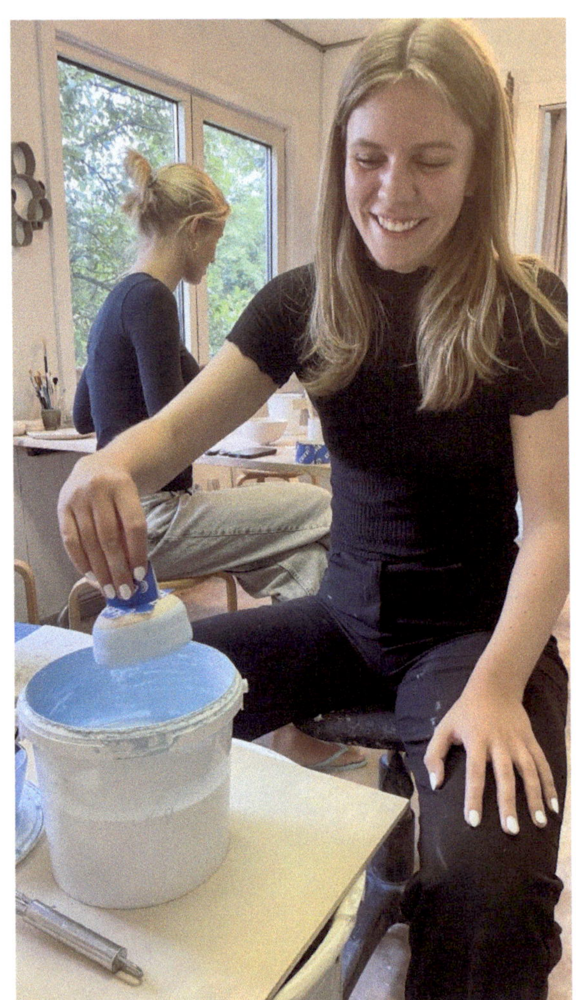

Du kan med en flydevægt måle, om din glasur har den rette konsistens. De fleste glasurer skal have en vægt på 40-50 g, det står altid angivet på emballagen. Hvis du ikke har en, så er en god fingerregel, at glasuren skal være som drikkeyoghurt, når du dypper. Hvis det er svært at holde på din kop eller skål, er et lille trick at bruge en god stærk gaffatape til at lave en lille holde-snip med.

Du kan altid tørre glasur af igen med en våd svamp eller simpelthen skylle det af under hanen, så skal koppen bare lige tørre igen inden næste forsøg.

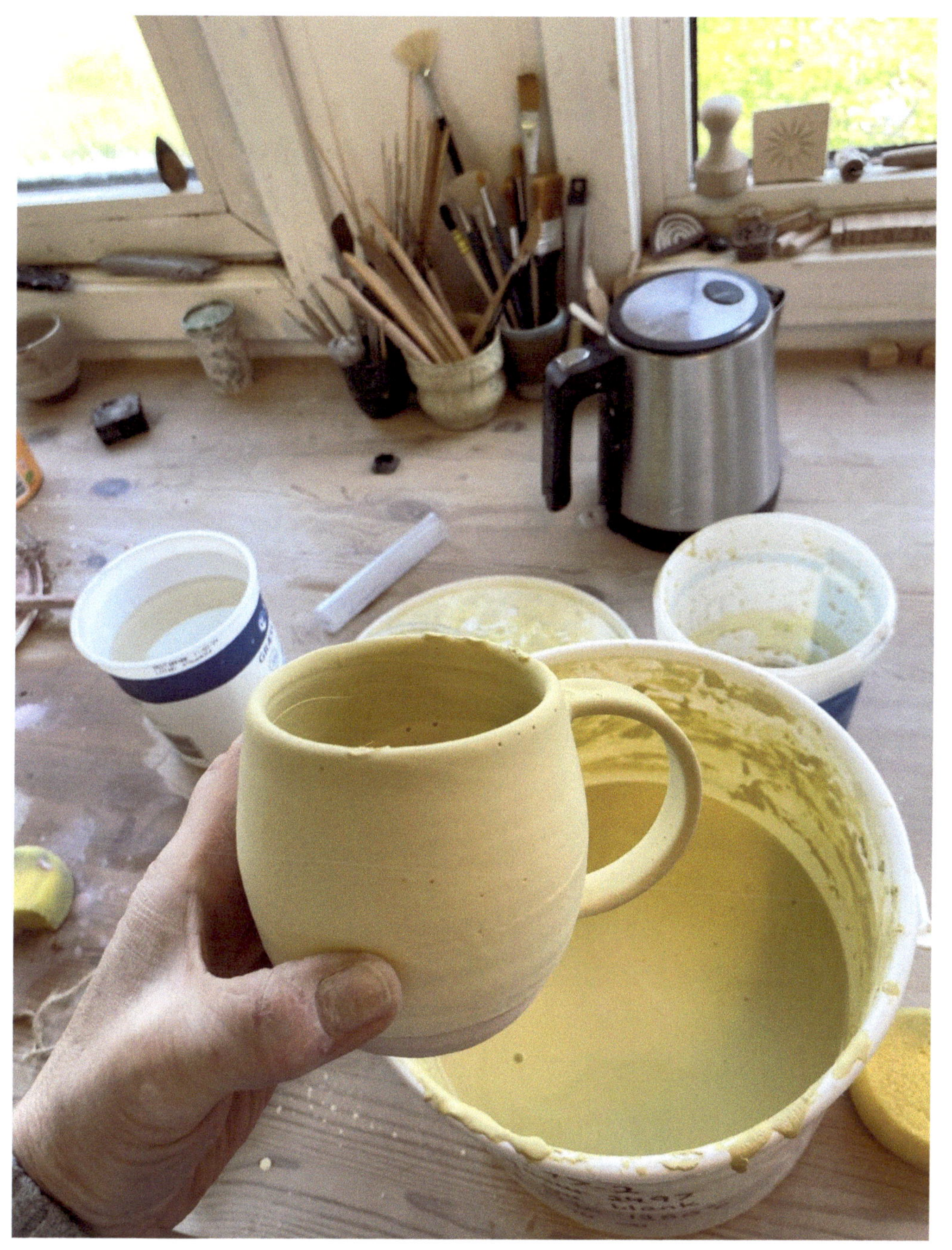

UNDERGLASUR- PENSELGLASUR

En underglasur eller penselglasur males på med en pensel, før eller efter forglødningen. Det er en glasur, som er egnet til detaljer i modsætning til den almindelige dyppe glasur.
Den kan købes færdig, eller du kan lave den selv ved at tilføre lidt tapetklister til din dyppe glasur. Du kan også hælde den på små flasker med spids tud, så du kan "tegne" med den. Et godt og billigt alternativ til de små flasker er apoteks baby næsesuger, jeg har brugt min i årevis.

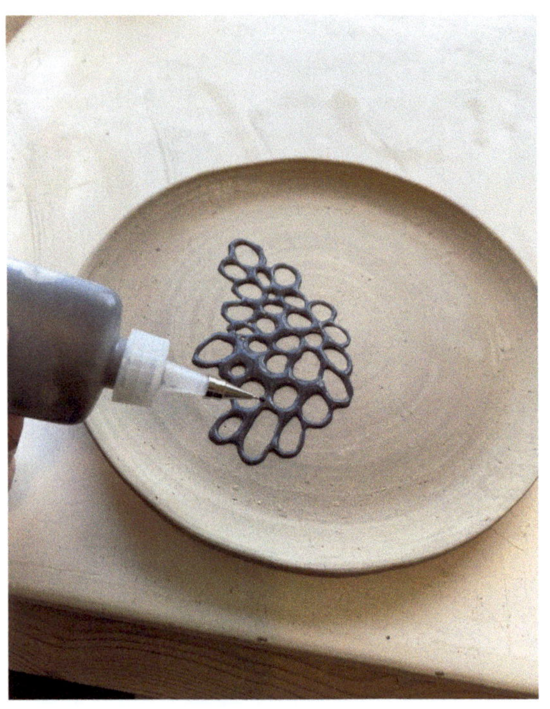

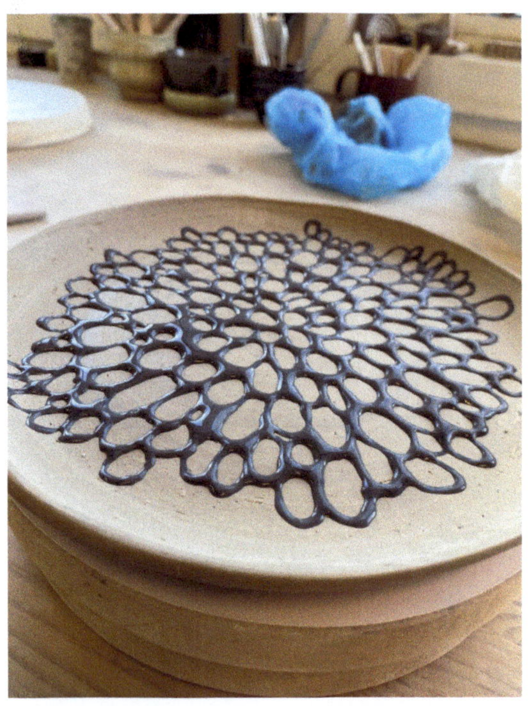

Anden brænding - Glasurbrænding

Derefter laves glasurbrænding for eksempel til 1240˚. Den tager også 6-8 timer. Intet må røre hinanden i ovnen, og det er en god ide at sætte små lerplader "kiks" under emnerne til at fange eventuelle dryp. Din ovn skal helst placeres med god afstand til brændbare overflader, og det er en god ide også at have døre og vinduer åbne til udluftning. Sæt gerne din brænding i gang om natten, så du ikke er i lokalet med de sundhedsskadelige gasser, der udledes under opvarmning. Det er jo også om natten, at prisen på el er lavest! Du skal være tålmodig og lade ovnen køle helt ned, inden du åbner, så undgår du krakeleringer i glasuren.

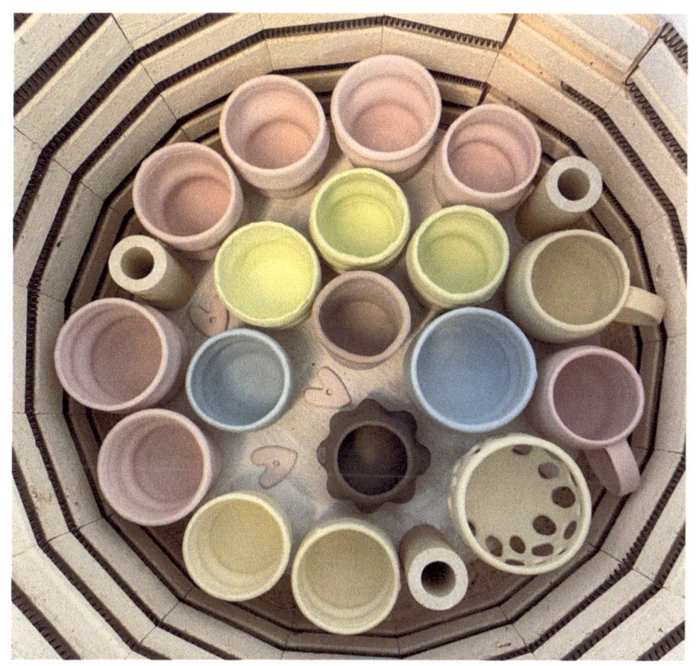

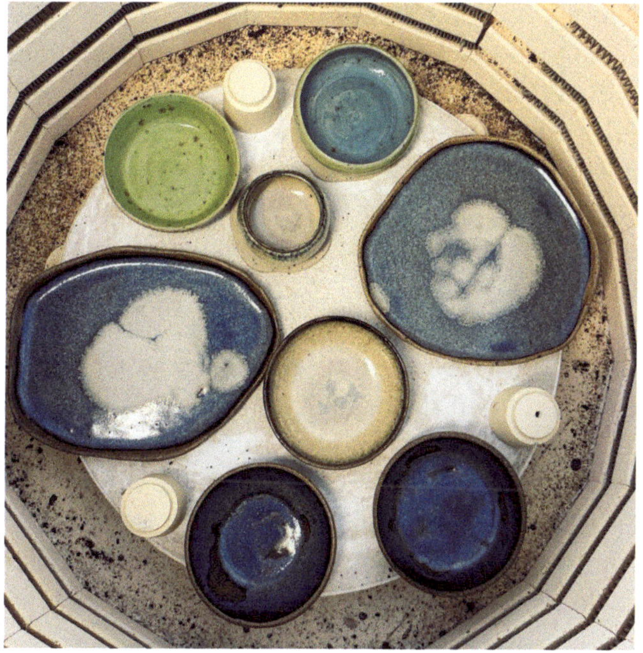

GENBRUG AF LER

Ler har været i vores natur i millioner af år, og det kan altid genbruges, også selv om det er lidt muggent eller har været udsat for frostvejr.
Alt det ler, der sidder i din drypbakke på drejeskiven, og leret, du har skåret fra din skulptur. De skæve kopper, som er tørre, men som du alligevel ikke synes er gode nok til at gå videre med. Det hele samles løbende i en spand med vand. Alle typer stentøjsler kan blandes i og blive til nye spændende typer ler.
Når spanden er fyldt, kan du hælde lermassen ud på et stykke stof på en cementflise eller endnu bedre en gipsplade. Stoffet bruger jeg til at holde godt sammen på massen, mens den endnu er ret smattet. Lad det ligge og dræne en dag eller to og gå så i gang med at ælte det sammen til nye klumper på 1-2 kg.

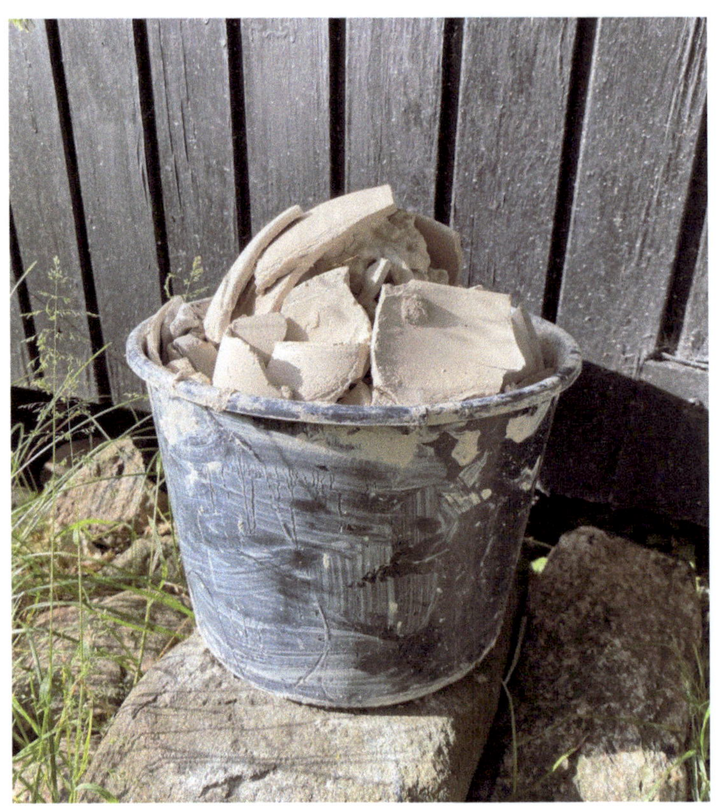

Læg til sidst flisen ned på gulvet, og kast dit ler hårdt ned i den flere gange for at få alle luftlommer ud. I øvrigt en skøn måde at få frustrationer ud på, hvis man trænger til det!
Når du skærer igennem med en tråd, kan du se, om det var nok bank, eller om der skal mere til.

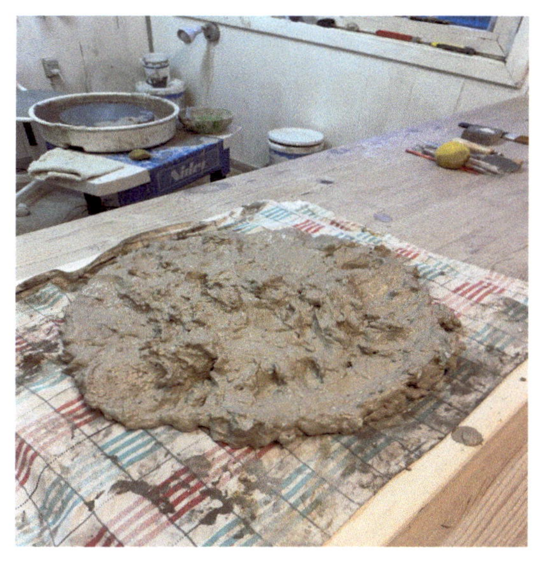

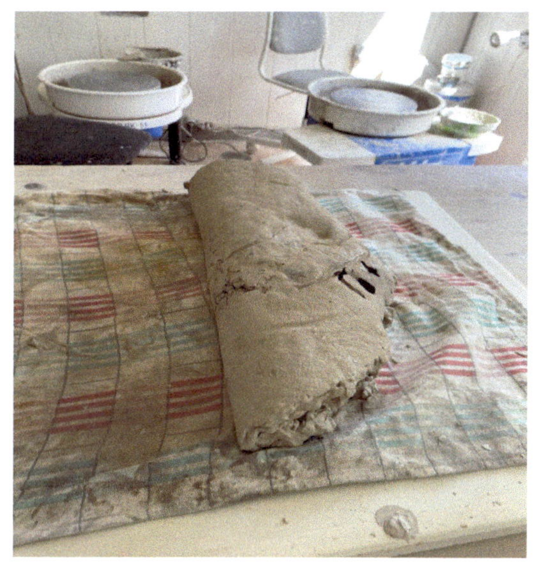

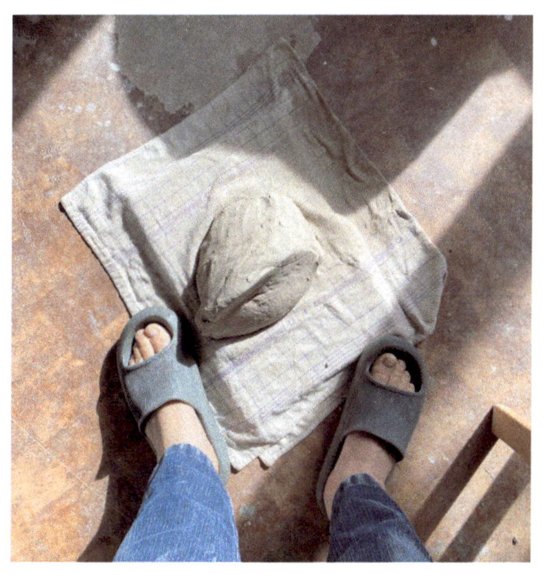

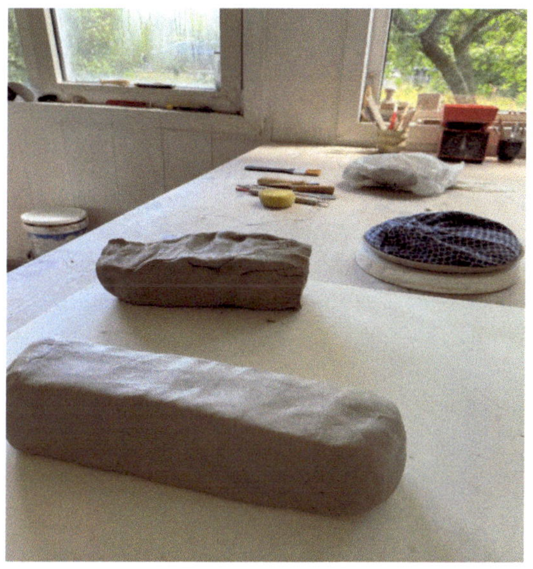

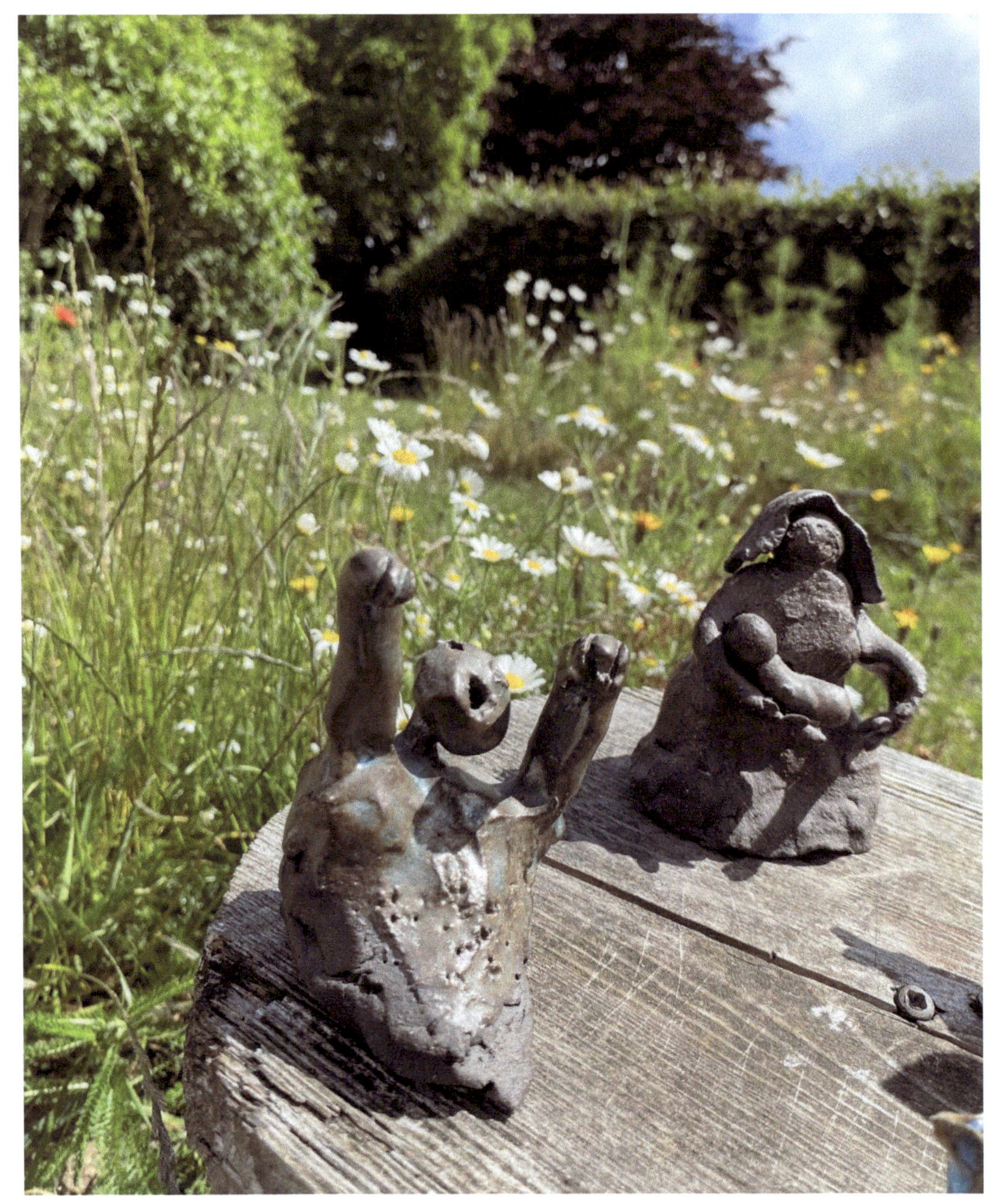

10 gode ideer:

1. Hjertesmykke
2. Tommelfinger-Skål
3. Dyb tallerken af pølser
4. Relief
5. tryk med planter på keramik
6. Drejet krus
7. Snittet Lygte
8. hylde i pladeteknik
9. Boblevase
10. Skulptur

1: Hjertesmykke

Hjertesmykket i keramik er fint i en lædersnor. Det kan selvfølgelig erstattes af en anden udstikker, måske formet som et dyr. Vedhænget kan også bruges i en nøglering.

Du skal bruge: Ler, kniv, rundstok, en kageudstikker form, et sugerør, bogstavstempler eller tandstik.

1. Rul en lille klump ler ud på en gipsplade eller et stykke stof.
2. Stik ud med en kageform.
3. Stik et hul ud med sugerør.
4. Finpuds kanter ved at glatte med fingrene eller en lille fugtet svamp.
5. Tryk navn med bogstavstempler eller rids med tandstik på bagsiden.
6. Hjertet forglødes ved første brænding.
7. Der pensles glasur på overfladen, og kanterne tørres omhyggeligt med en fugtet svamp.
8. Hjerterne brændes 2. gang ved 1240°.
9. Vedhænget bindes i en lædersnor eller lignende.

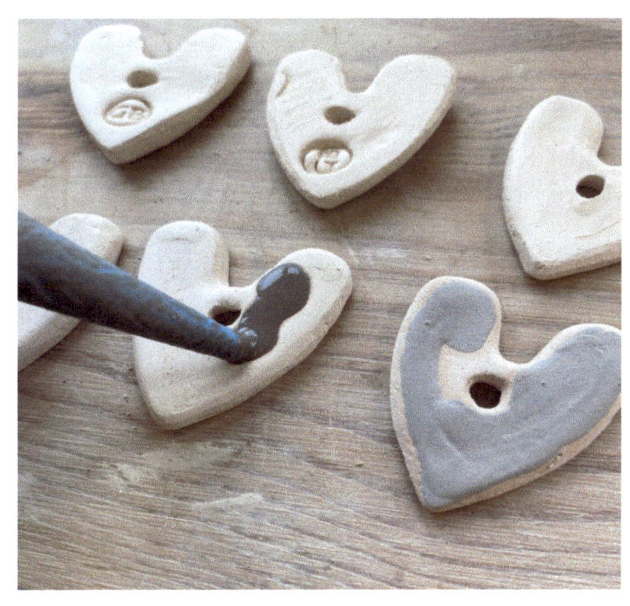

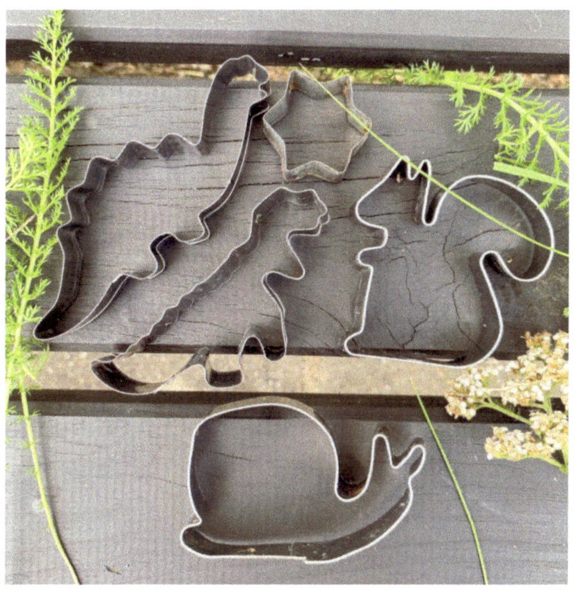

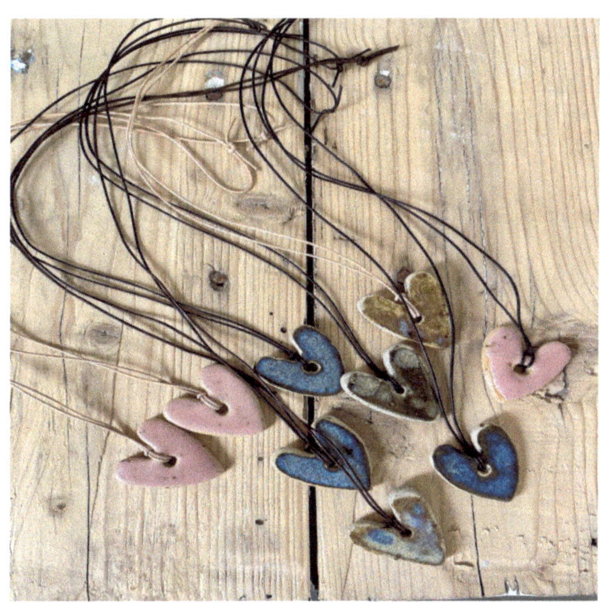

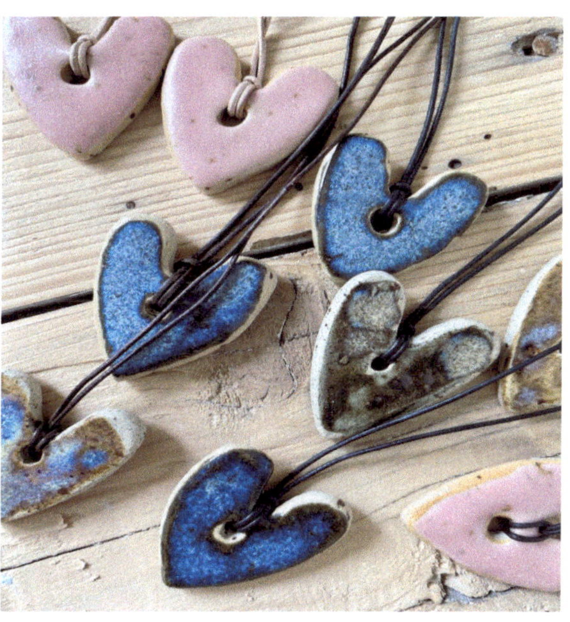

2: Tommelfinger-skålen

Du skal bruge: Ler, glasur, en modellerpind eller en ske, en tandstik og eventuelt en slynge.

1. Rul en klump ler på størrelse med en appelsin til en kugle.
2. Pres dine tommelfinger ind i midten og drej rundt, imens du trykker og gnider leret i form. Det er lettest, hvis du bruger en hånd på indersiden og en rund hånd på ydersiden.
3. Lad skålen stå og tørre til dagen efter. Du kan nu bruge en rund slynge til at skrælle mere af, så den bliver tyndere.
4. Rul tre aflange kugler og skær dem halve.
5. Rids med kniv eller tandstik i bunden der, hvor du vil have fødder.
6. Smør slikker, ler rørt med vand, til en konsistens som blød nutella på, rids også fødderne og pres dem forsigtigt på bunden.
7. Glat ud med modellerpind eller ske.
8. Rids med tandstik eller stempel dit navn eller logo. Skålen skal nu tørre inden 1.brænding. Efter brændingen er skålen klar til glasering.
9. Hæld glasur indeni, drej rundt så glasuren kommer helt op til kanten og hæld resten tilbage i spanden. Man kan vælge at hælde en ekstra glasur i på kanten, som jeg har gjort.
10. Tør efter på kantens yderside med en fugtig svamp. Skålens glasur brændes op til 1240°. Lad ovnen køle helt ned, inden du tømmer den, så undgår du krakeleringer.

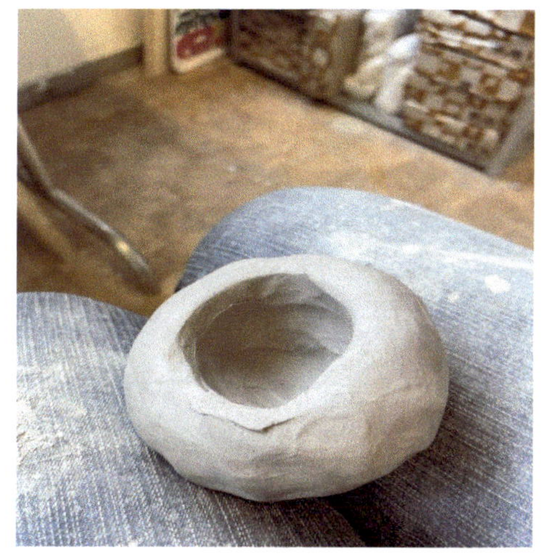
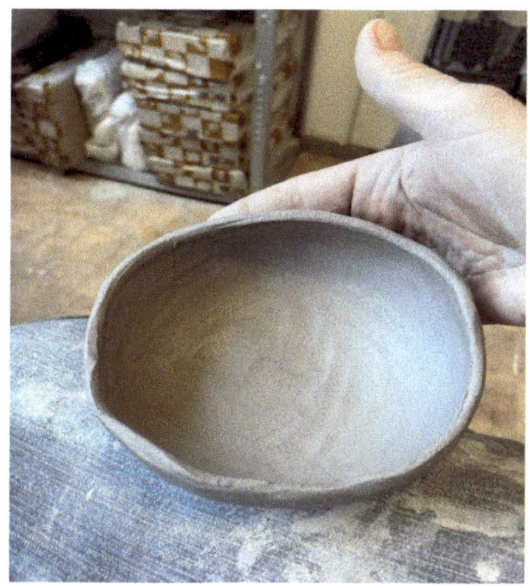
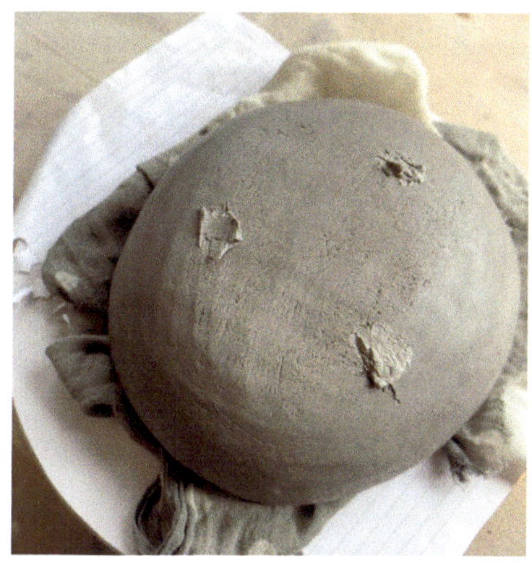
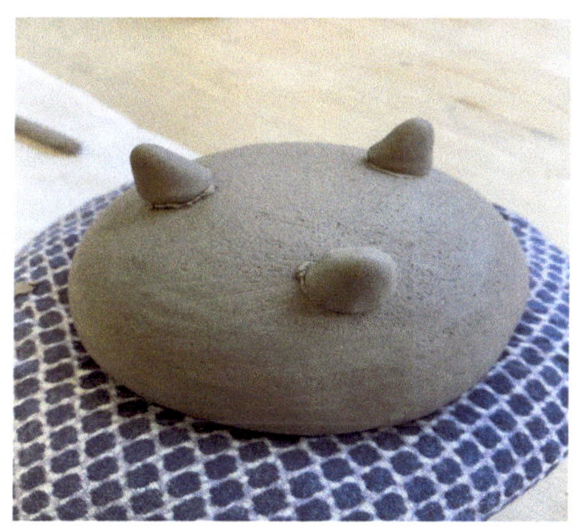
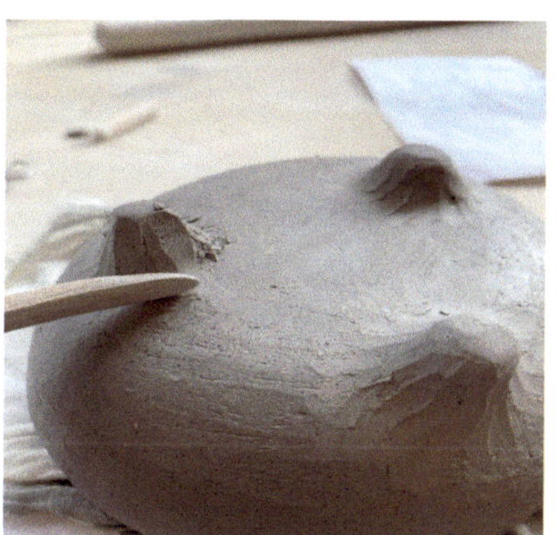
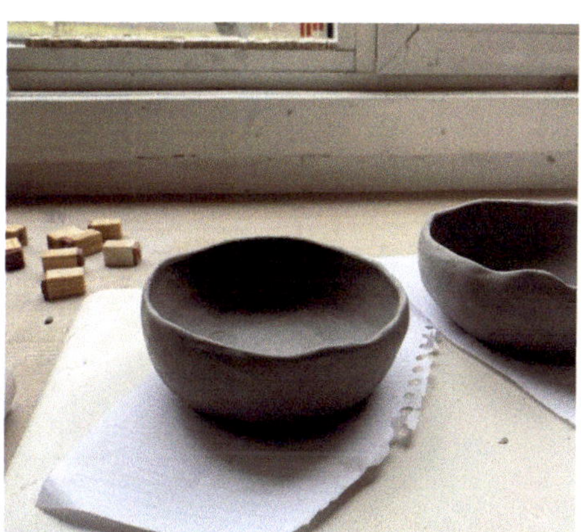

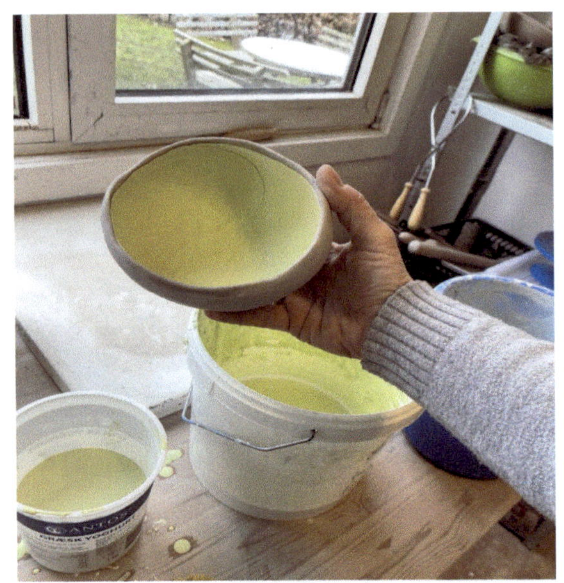
GRÆSK YOGHURT

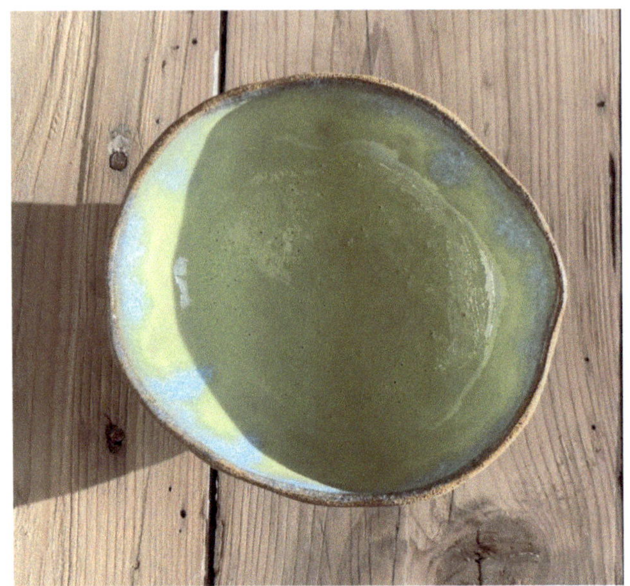

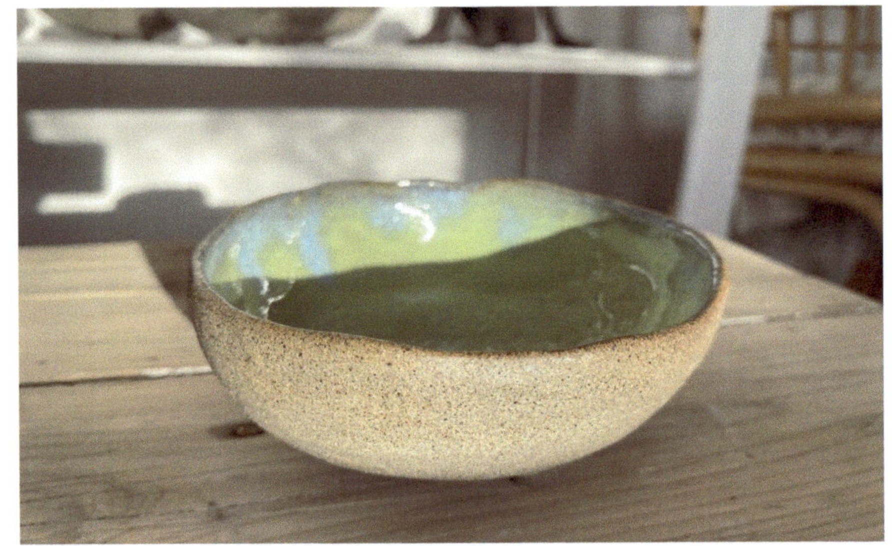

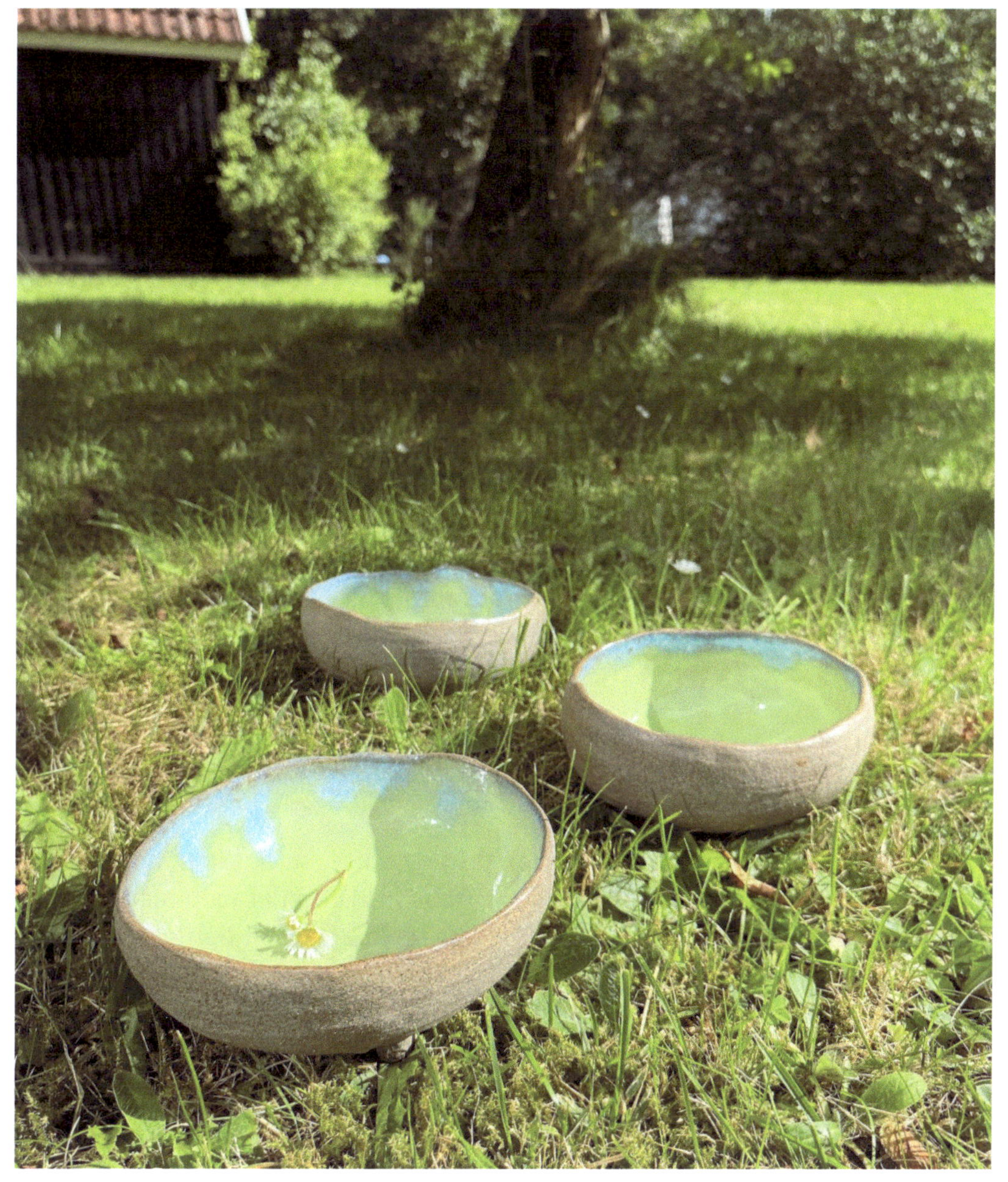

3: Dyb tallerken af pølser

Du skal bruge: Ler, en dyb tallerken eller skål som form,
tyndt stof eller nylonstrømpe, en ske, en kniv og en tandstik.

1. Stoffet lægges i formen.

2. Tril og rul pølser, som lægges i et mønster indeni. De ligger side om side eller på kryds og tværs.

3. Det hele glattes sammen med en ske til en glat flade inden i skålen.

4. Lad den stå natten over, let tildækket. Dagen efter kan du løfte den op og se det flotte mønster på ydersiden.

5. En fod kan laves som en rund kugle, der klemmes flad, ridses med kniv, påsmøres slikker og trykkes let på. Du kan skære den lidt til, når den er sat på, og skrive dine initialer med en tandstik. Du kan også vælge at lave tre små fødder, som jeg har gjort, eller helt undlade at lave fod.

6. Den skal nu tørre inden 1. brænding. Efter brændingen er skålen klar til glasering.

7. Hæld den valgte dyppeglasur i tallerkenen, og drej og hæld, så det kommer ud til kanten, inden du hælder resten i spanden igen. På ydersiden skrabes glasuren af igen med først en skinne, så en svamp. Vrid svampen i rent vand og fortsæt med at tørre af, indtil der kun er glasur tilbage i alle sprækkerne.

8. Sørg for, at foden er helt ren, så tallerknen ikke brænder fast i ovnen.

9. Tallerkenen glasur brændes op til 1240°.

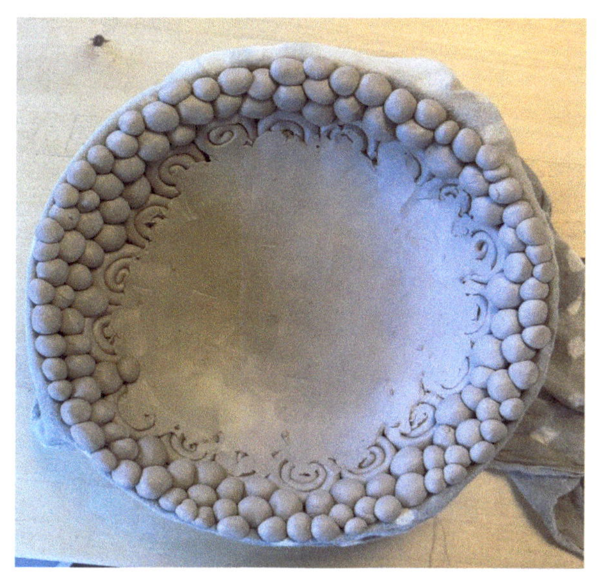

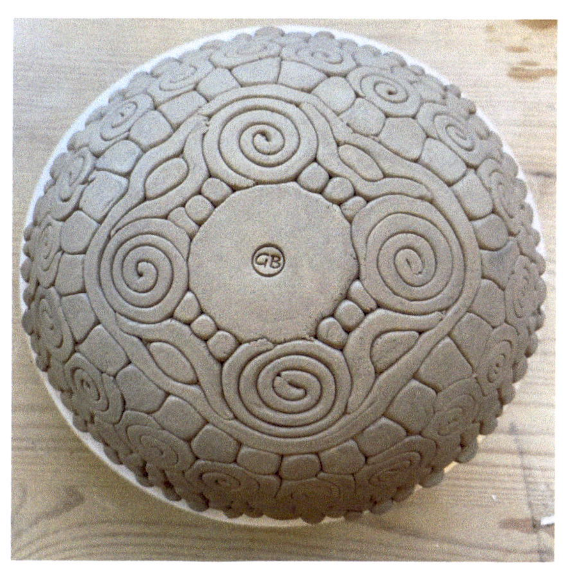

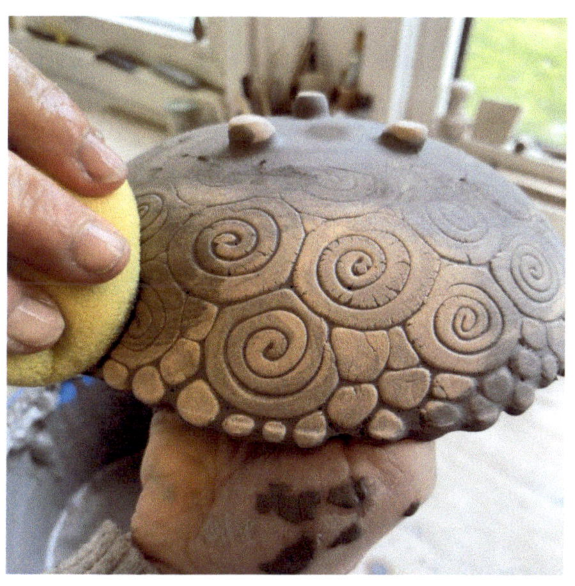

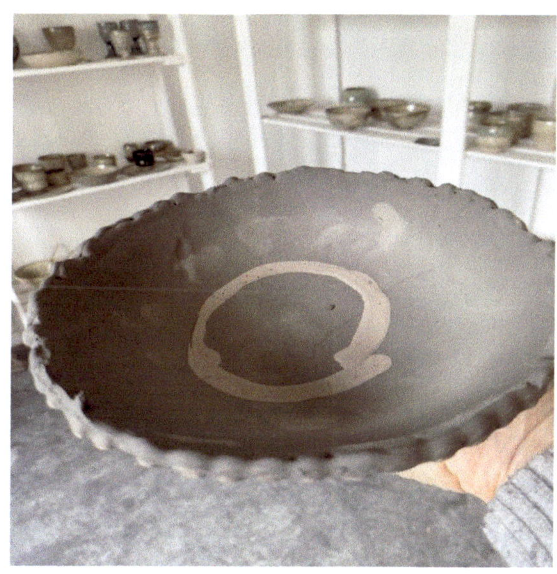

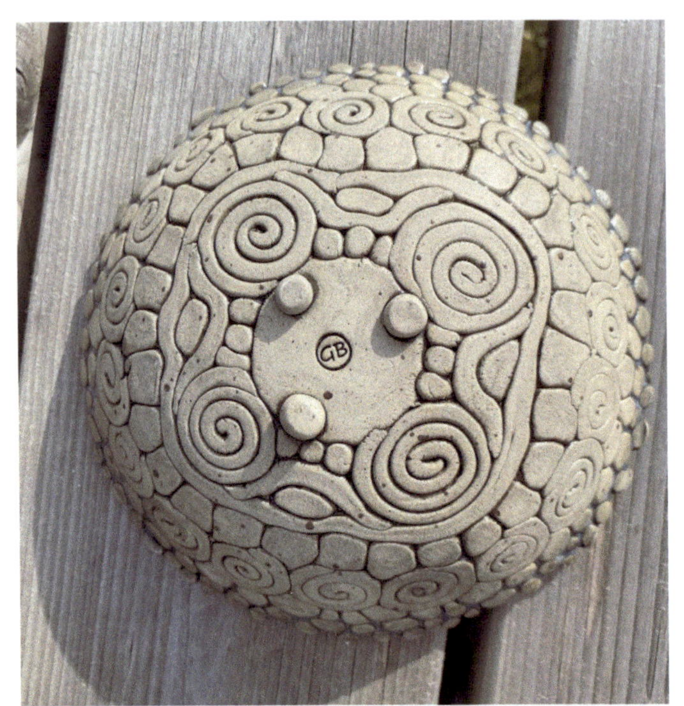
GB

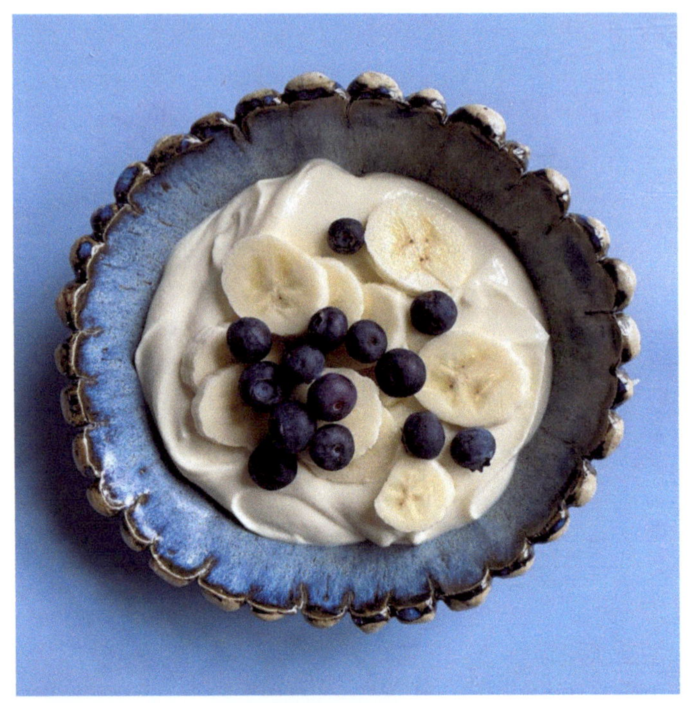

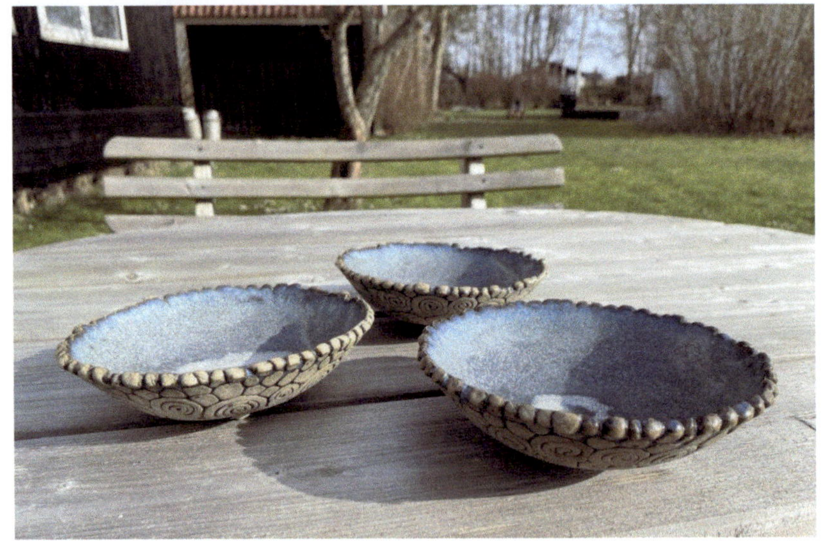

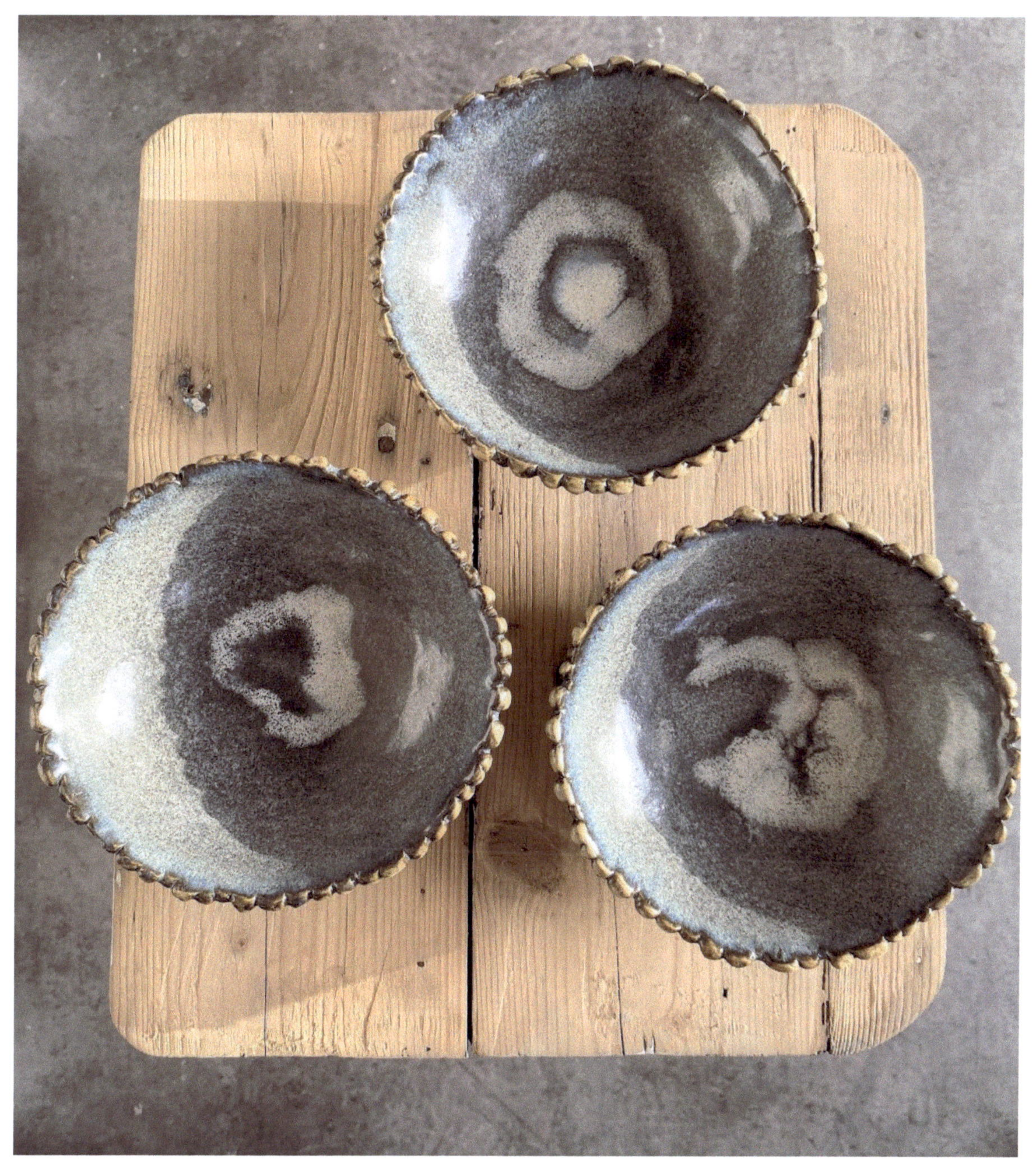

4: Tryk med planter

Du skal bruge: Ler, en kniv, tandstik, rundstok, lineal, en dåse sodavand, en nylonstrømpe, blomsten fra skvalderkål eller andre fine planter, du finder i vejkanten. Metoden kan bruges til en lille vase, en kop eller en flad tallerken.

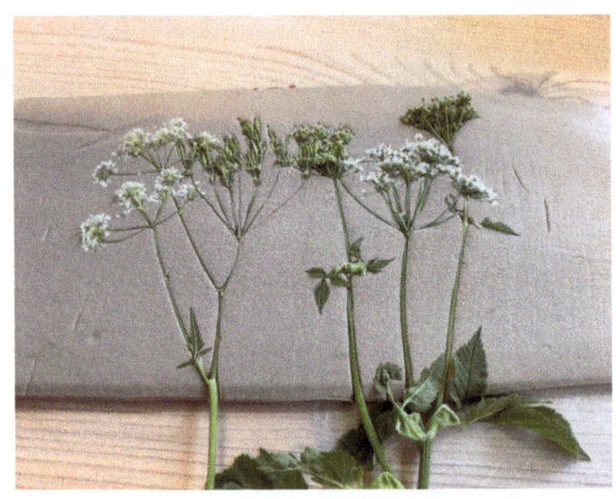

1. Rul først en ensartet plade, cirka 1 cm tyk. Skær den ud i 11 cm.
2. Du placerer planterne på pladen. Læg tyndt stof over, og rul nogle gange med rundstokken.
3. Planterne trækkes forsigtigt af igen. Hvis en smule sidder fast, brænder det bare væk i ovnen.
4. Pladen rulles nu udenpå en dåse i en nylonstrømpe. Skær længden til. Der ridses og smøres med slikker, før kanterne trykkes sammen og glattes.
5. Rul nu en plade til bund cirka 1 cm tyk. Placer koppen ovenpå og skær ud efter den.
6. Kop og bund ridses, smøres med slikker og presses sammen og glattes.
7. Tryk bunden lidt op på midten, og rids eller tryk dit navn.
8. Du kan eventuelt sætte hank på. Se hvordan ved idé 6.
9. Den tørres og brændes første gang ved 900°.
10. Mal eventuelt med underglasur i aftrykkene. Tør forsigtigt efter med en fugtig svamp. Herefter dyppes i transparent glasur.

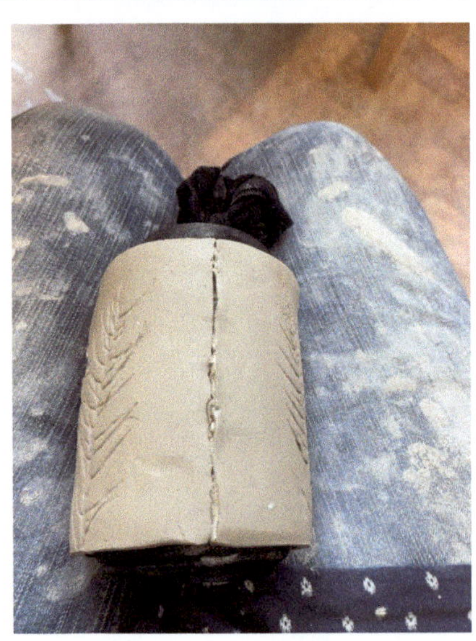

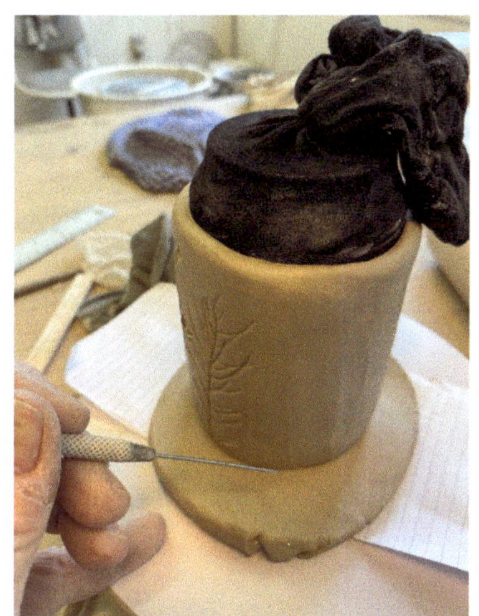

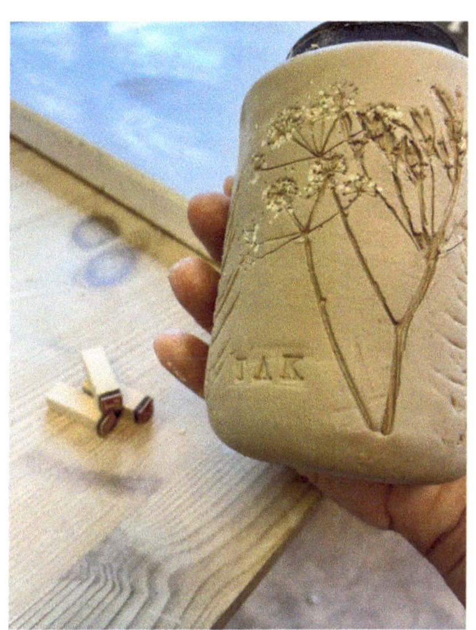
TAK

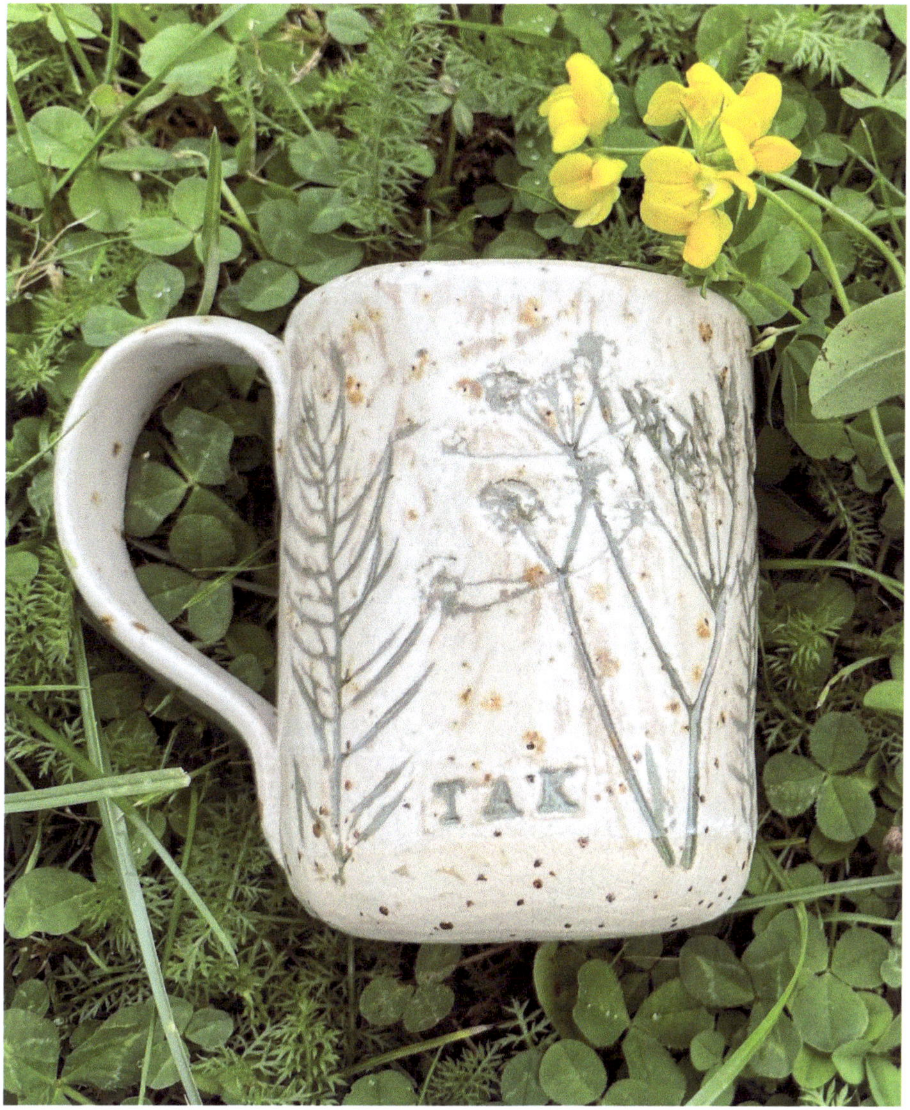

5: Relief med motiv

Du skal bruge: ler, glasur, en kniv, en slynge, en pensel eller øresuger og en tandstik.

1. Find først ideer til motiv ved at se på for eksempel masker, solsymboler, tatoveringer og linoleumssnit.
2. Rul leret ud til en cirkel. Den skal være mindst 1 cm tyk. Brug en spisetallerken til at måle og skære efter.
3. tegn motivet op med en tandstik.
4. Brug en lille slynge til at skære motivet ud.
5. På bagsiden laves et hul og et lille "halvtag" så man kan hænge relieffet op på et søm.
6. forglødes ved første brænding
7. En mørk glasur lægges i fordybningerne. Brug en lille pensel eller en øresuger fra apoteket.
8. Derefter overhældes relieffet hurtigt med en lysere glasur og drypper af i spanden.
9. Relieffet glasur brændes ved f.eks 1240°

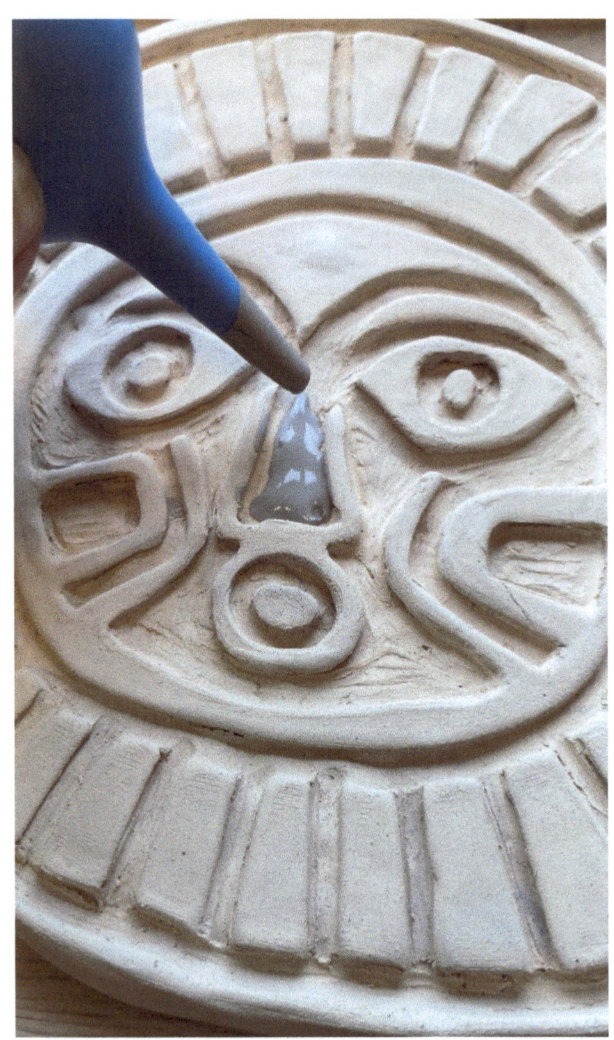

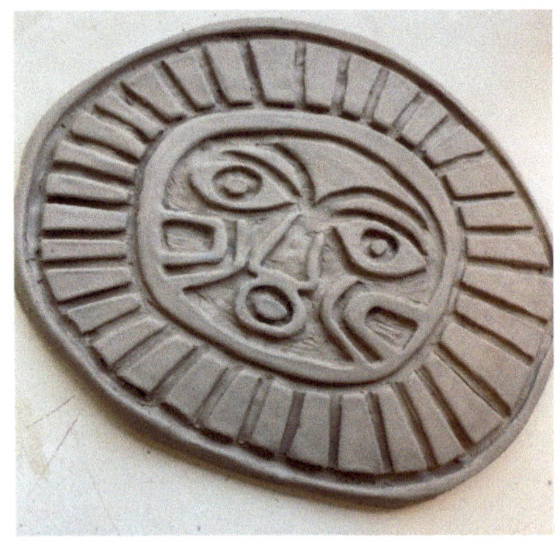

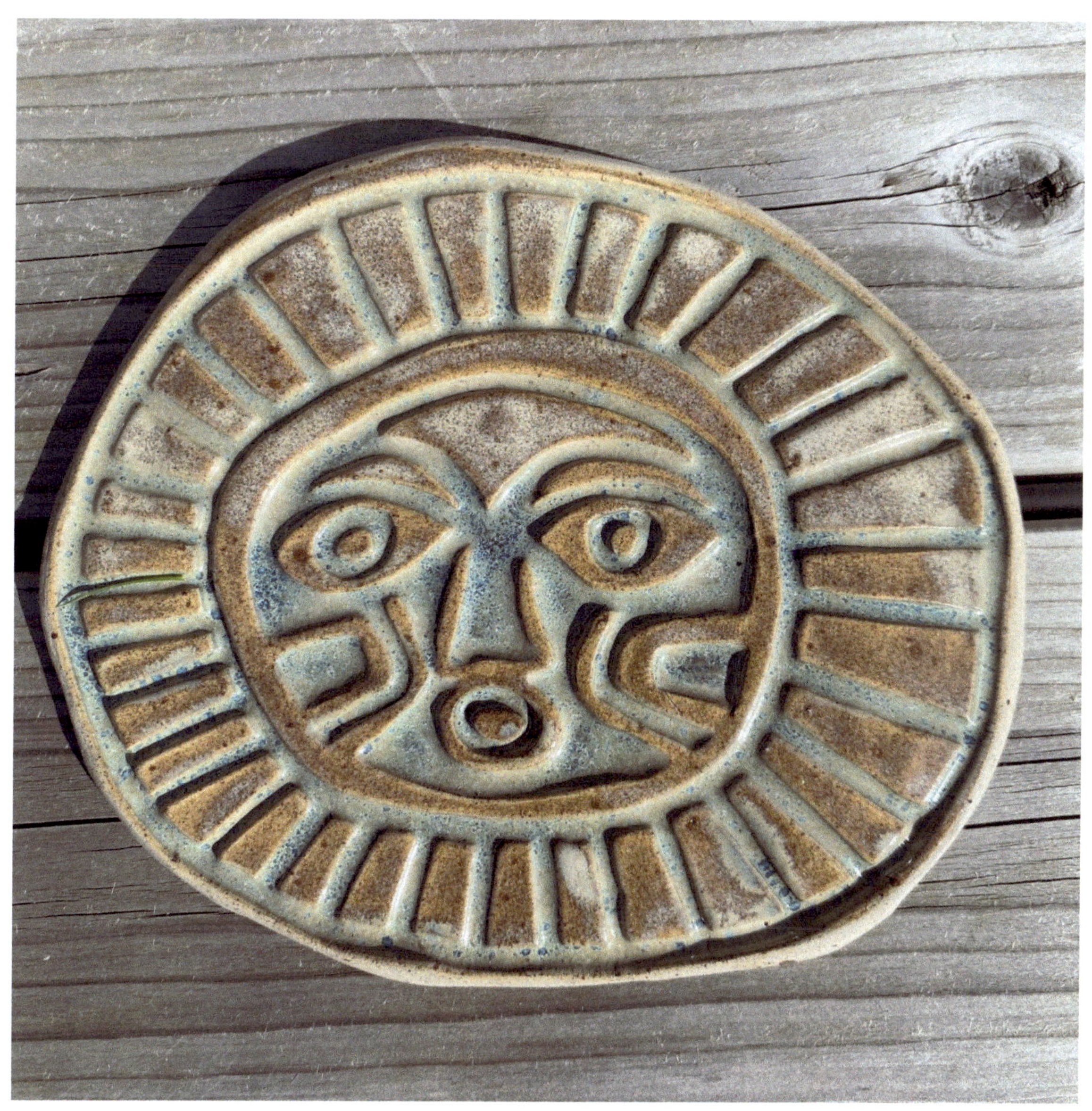

6: HYLDE I PLADETEKNIK

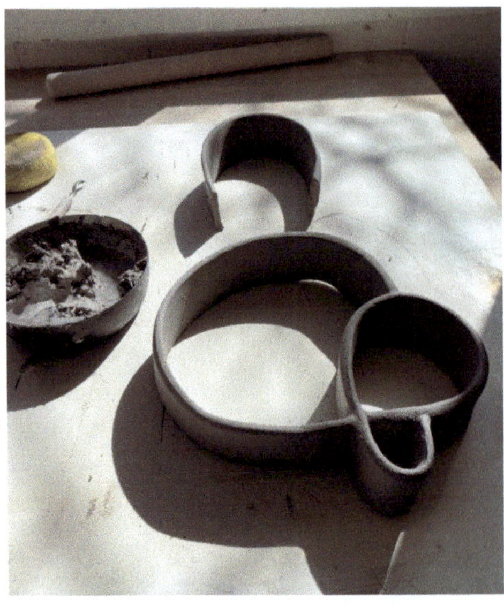

Du skal bruge: ler, rundstok, en lineal, to malerpinde eller trælister, en kniv og en svamp.

1. Rul dit ler ud på en gipsplade eller et stykke stof. Hvis du ruller på lister med leret imellem, bliver pladen ens i tykkelse.

2. Mål strimler op og skær ud.

3. Der, hvor du vil samle, ridses overfladen med kniv eller tandstik, og der smøres slikker på. Du presser godt sammen og glatter overfladen.

4. Når delene er samlet, kan man med en fugtet svamp tørre kanterne og samlingerne.

5. Jeg har på denne hylde monteret to små vaser, som er presset ud i tommelfingeren. Se idé 3. De er monteret med rids og slikker.

6.hylden er ikke glaseret og derfor kun brændt en gang til 1240°

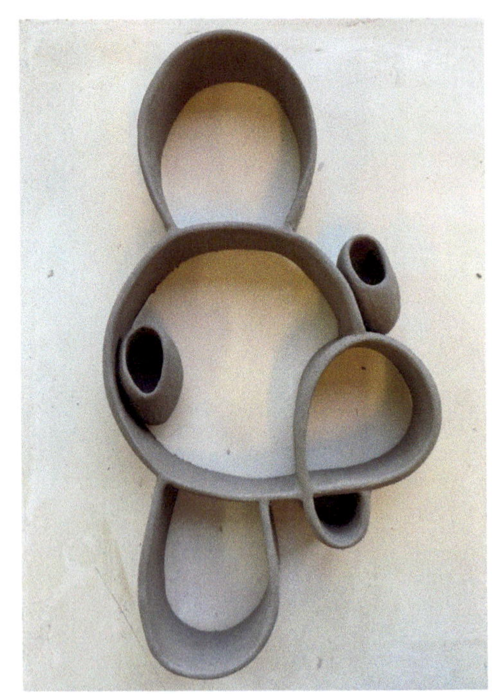

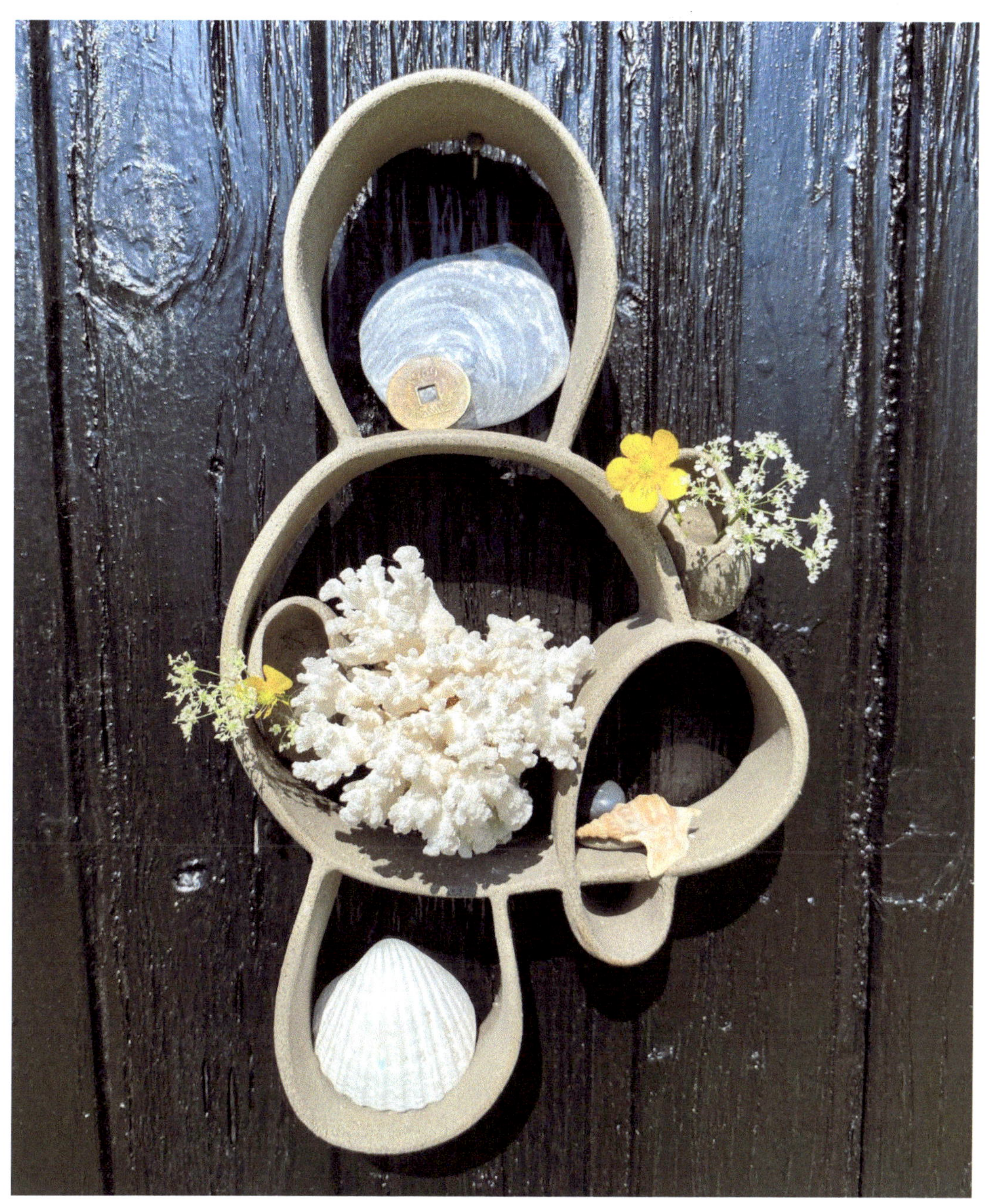

7: Drejet krus

Du skal bruge: 400 g ler, en træskinne, en svamp, ståltråd eller fiskesnøre.

1. Leret bankes godt sammen, gerne som æggeform og klaskes hårdt ned i en helt tør skive. Bank den godt fast. Undervejs dyppes fingrene i vand, så de kan glide på leret.
2. Først skal du centrere. Leret skal presses og kontrolleres for at sidde nøjagtigt midt på skiven. Jeg laver "dino-arme", altså kobler albuerne fast på kroppen, rykker så tæt jeg kan på skiven og hviler gerne underarmene på mine ben.
3. Sæt fuld fart på speederen, og pres hænderne ned i skiven, mens du laver et pres ind mod dig selv. På den måde trykkes klumpen op.
4. Derefter lægger du den ene hånd op over og presser den ned igen. Fortsæt indtil du kan mærke at klumpen er helt i ro i dine hænder. Lykkes centreringen ikke, går det galt senere.
5. Når det lykkes, kan du gå videre med at åbne formen ved at presse en finger i midten. Man trækker ud for at lave en bundflade. Nu har man lavet noget, der ligner en donut.

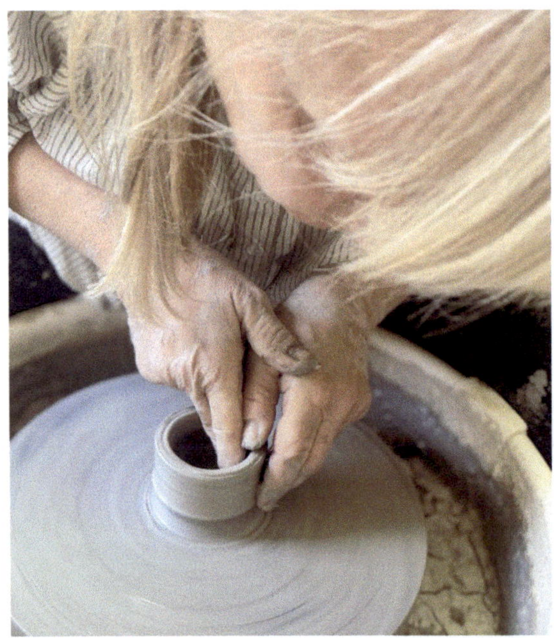

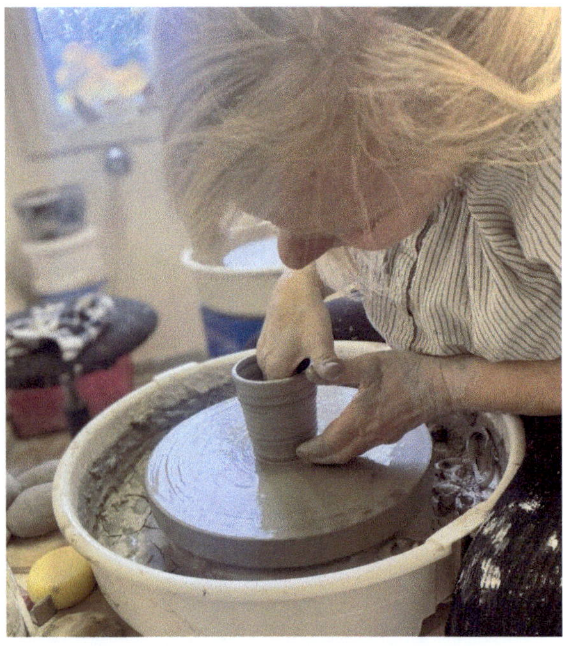

6. Der laves 1-2-3 optræk til væg i skålen. Nu skal du lette foden fra speederen og køre langsommere. Du holder nu dine hænder oppefra og ned. Den ene hånds fingre eller kno glider på ydersiden og den andens holder igen fra indersiden. Læn dig godt ind over skiven, så du kan kigge ned i formen, mens du trækker op. Træk altid op i cylinderform eller endda en smule indad. Først når du har højden, arbejder du med at udvide formen.

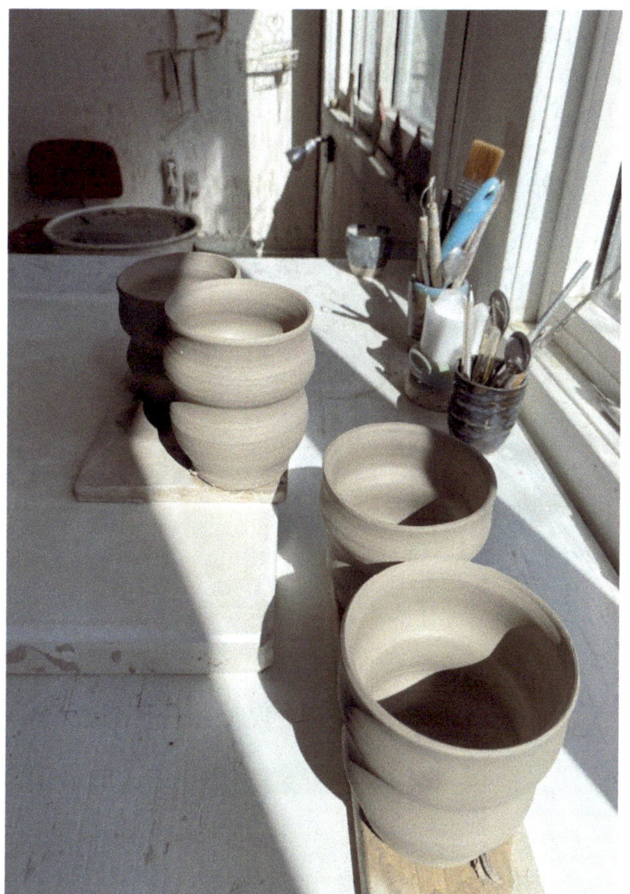

7. Lav en blød buet form eller bølger, alt efter hvordan du presser på væggen udefra og støtter indefra.

8. Du kan suge overskydende vand fra bunden af koppen op med en svamp eventuelt på en pind. Du kan også tørre vægge og top med svamp.

9. Inden du skærer fri med tråd, skal du skære en vinkel ind i bunden med træ skinnen. Læg en vandpyt foran og træk vandet med ind, når du skærer kruset af.

På væggen i mit værksted har jeg tegnet ler-klumpens udvikling i hænderne under drejningen. Det plejer at være en god hjælp at kaste et blik på den undervejs. Lav endelig en kopi til dit eget værksted!

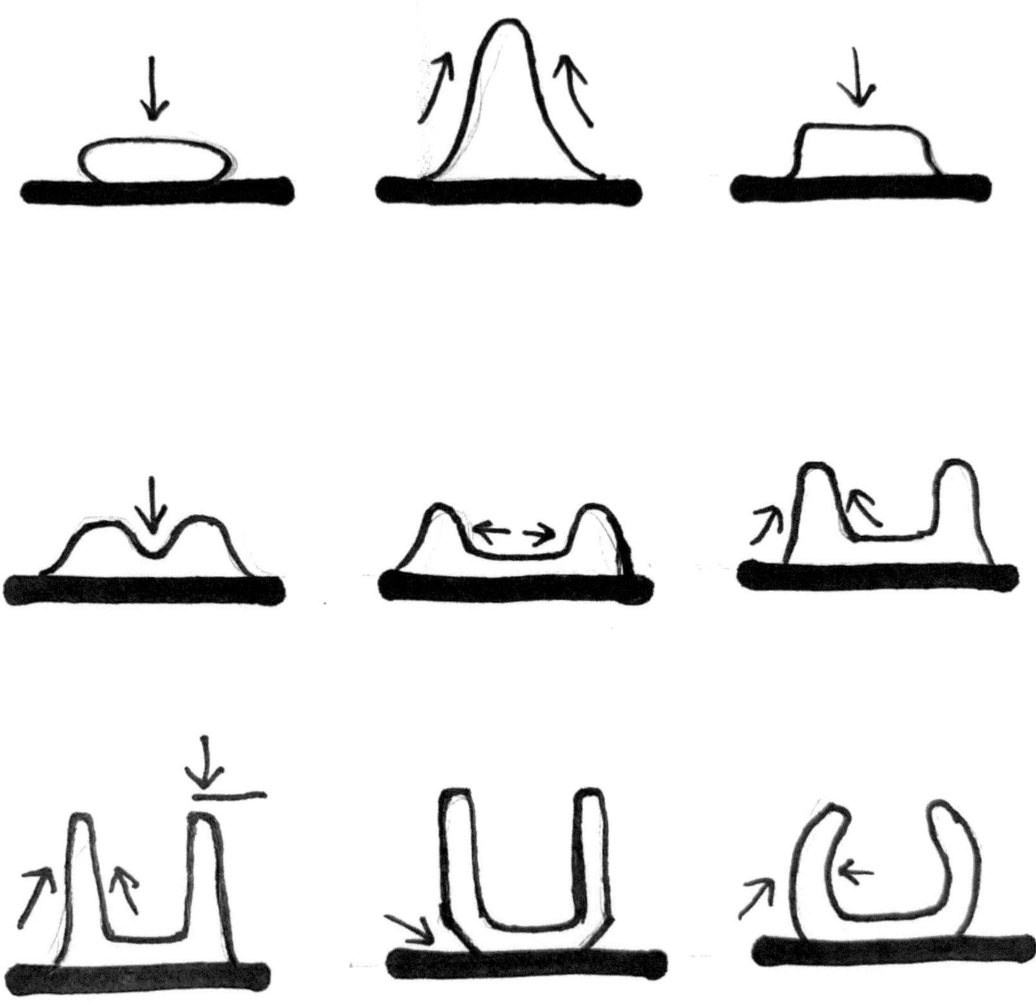

Dagen efter, når dit krus har tørret lidt og er læderhårdt, skal det afdrejes.

10. Du vender det på hovedet og sætter det midt på skiven. Fastgør med tre lerklumper, som presses ned i pladen til støtte.
11. Brug en slynge til at skære bunden pæn og jævn. Lav den lavest i midten, så står den godt. Brug også slyngen på ydersiden af kruset.
13. Kruset vendes om, fastgøres på skiven, og der afdrejes og finpudses på øverste kant og nedad.

Når du har afdrejet dit krus, kan du vælge at lave en hank på. Hvis du ikke ønsker det, går du bare videre til punkt 19.

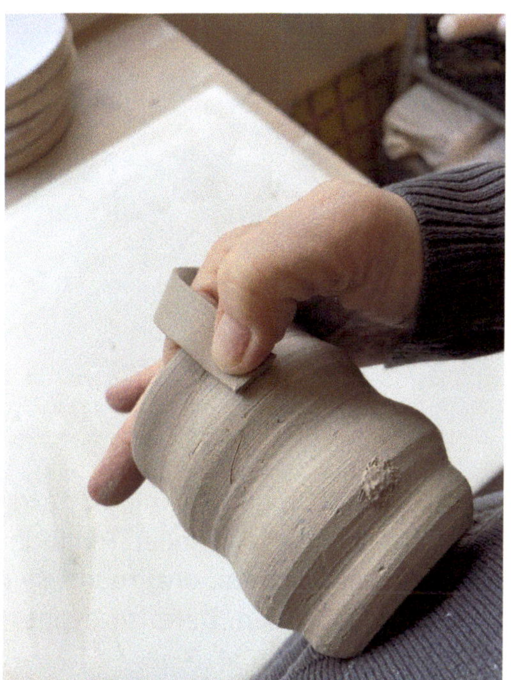

14. Du ruller en pølse jævnt omtrent 15 cm lang.
15. Form og glat pølsen flad med dine våde fingre på bordet eller på en gipsplade. Vend den og gentag glatning på den anden side.
16. Rids med tandstik og påfør slikker der, hvor du vil placere hanken.
17. Fastgør først øverst ved at støtte på indersiden, mens du presser let og glatter på ydersiden med tommelen.
18. Vip hanken rundt og gentag med den nederste ende.

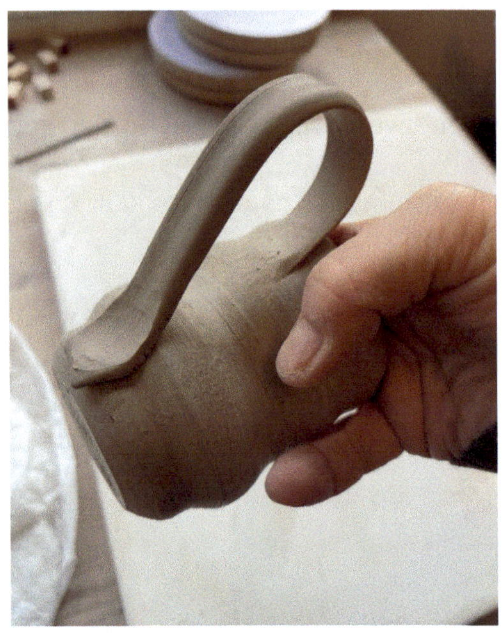
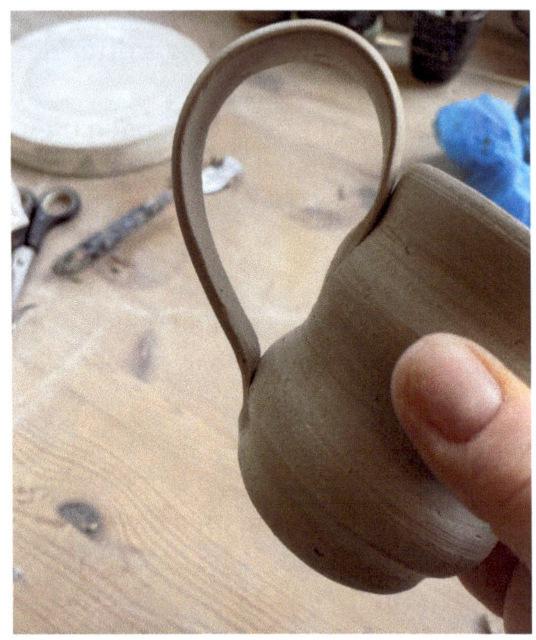

19. Rids til sidst med tandstik dit navn i bunden.
20. Kruset skal nu tørre inden forglødningen. Efter brændingen er den klar til glasering.
21. Hæld glasur indeni, drej rundt, så glasuren kommer helt op til kanten, og hæld resten tilbage i spanden. Derefter dypper man, mens man holder i bunden. Tæl til fem, træk op og dryp af.
22. Kruset glasur brændes op til 1240°. Lad ovnen køle helt ned, inden du tømmer den, så undgår du krakeleringer.

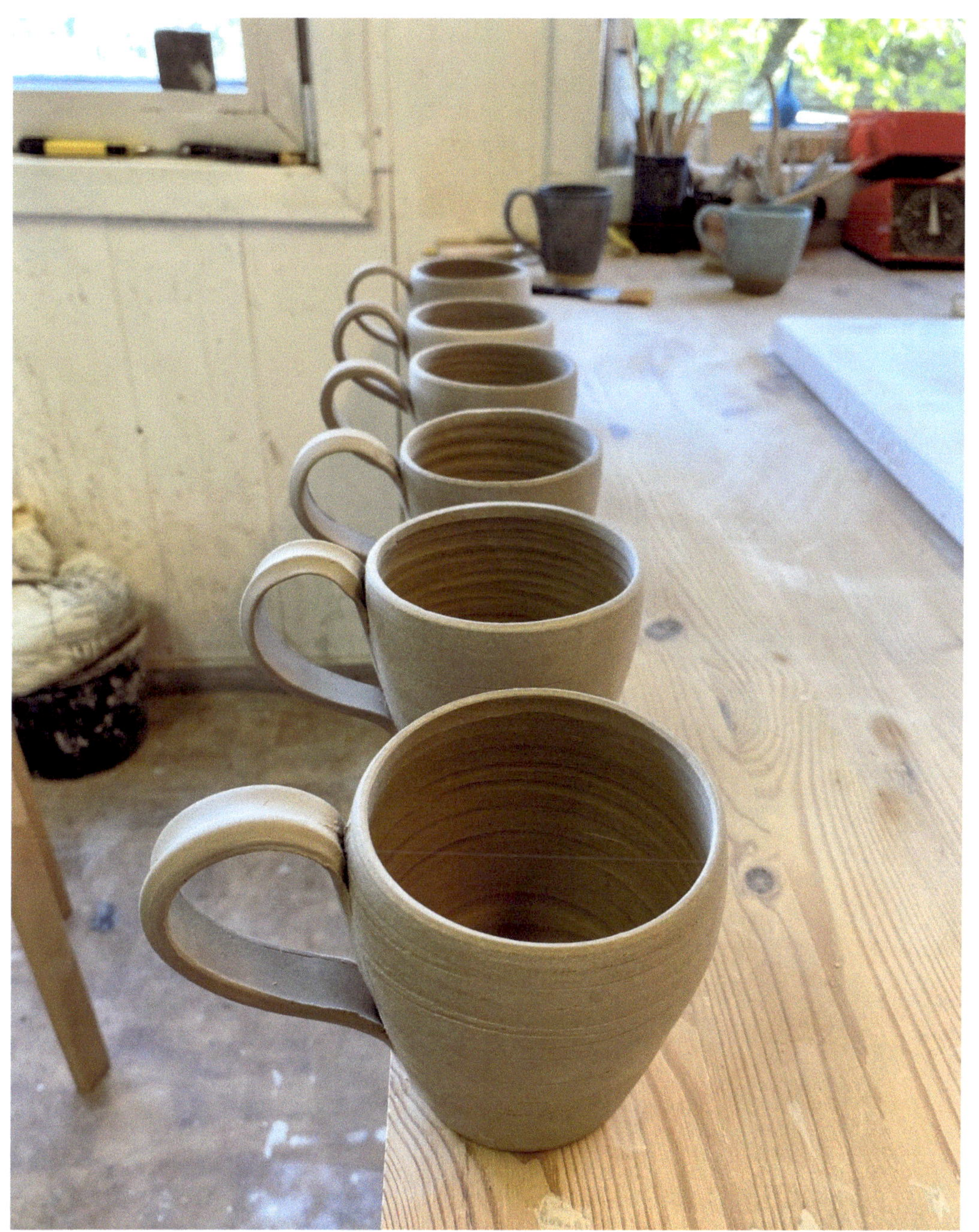

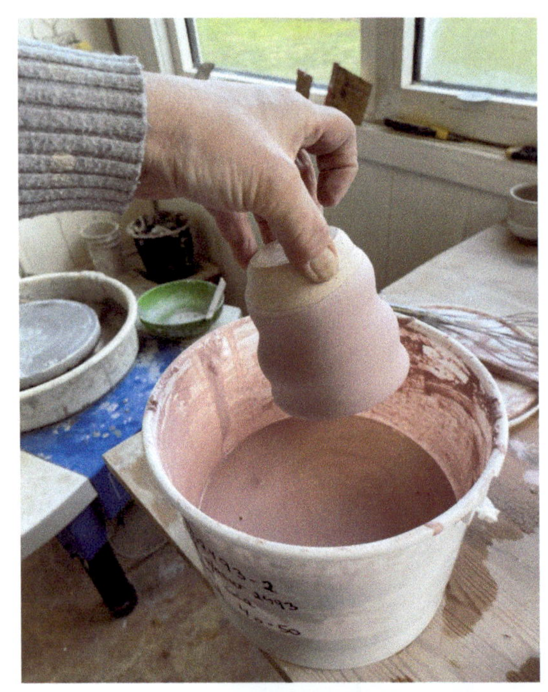

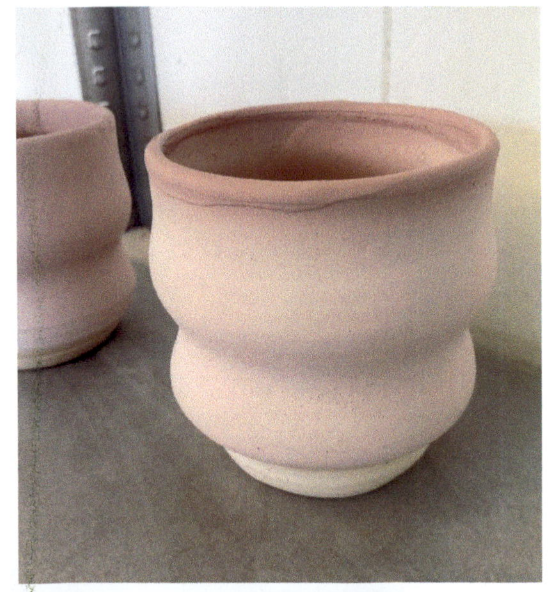

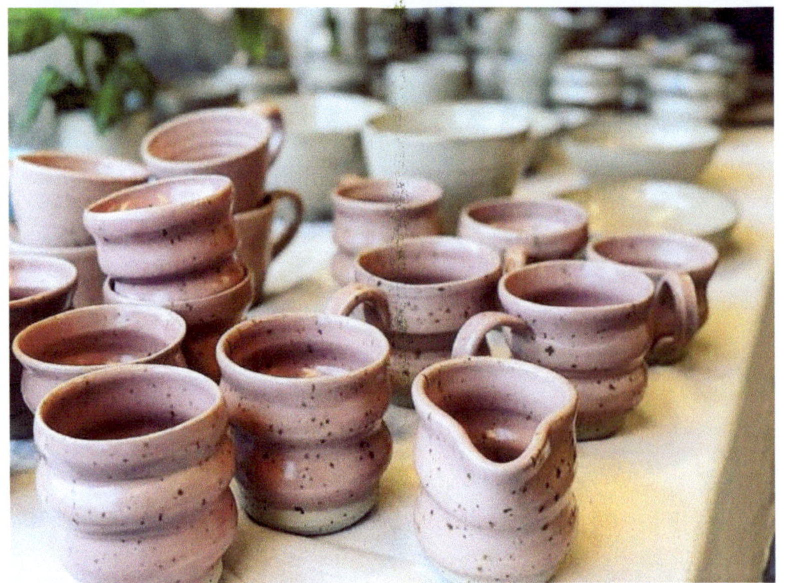

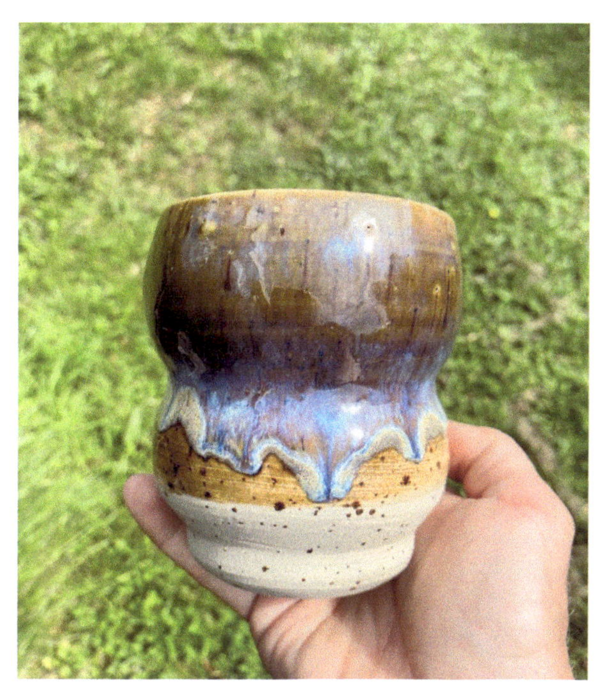

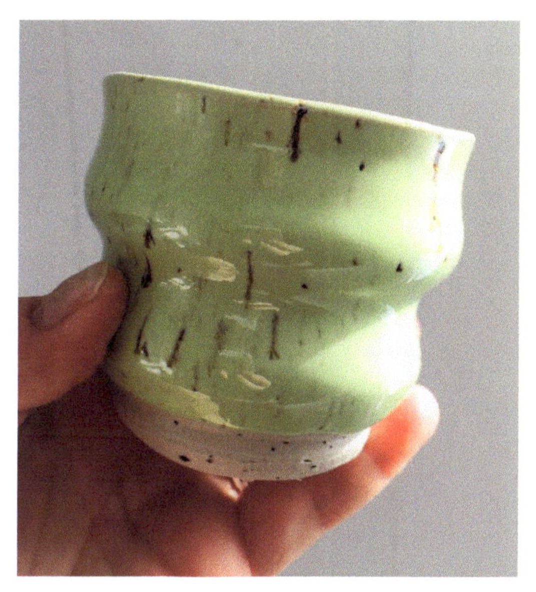

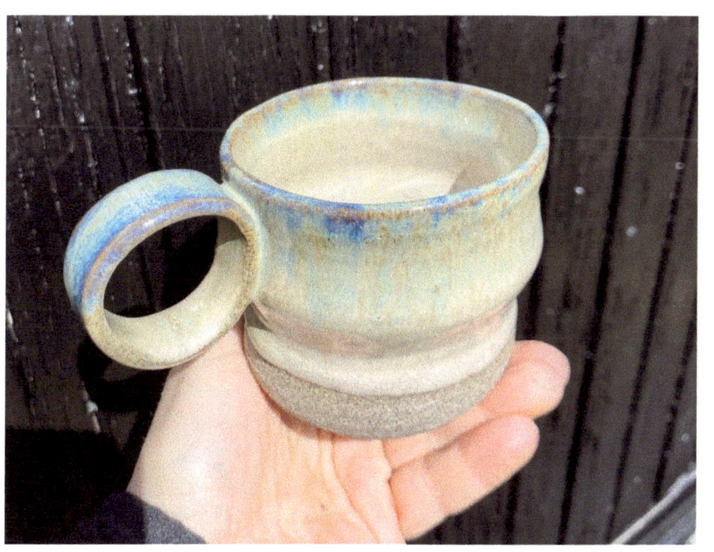

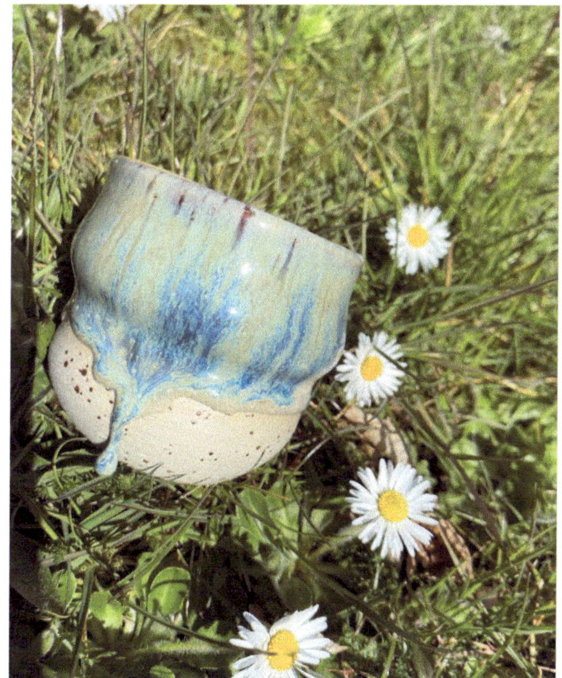

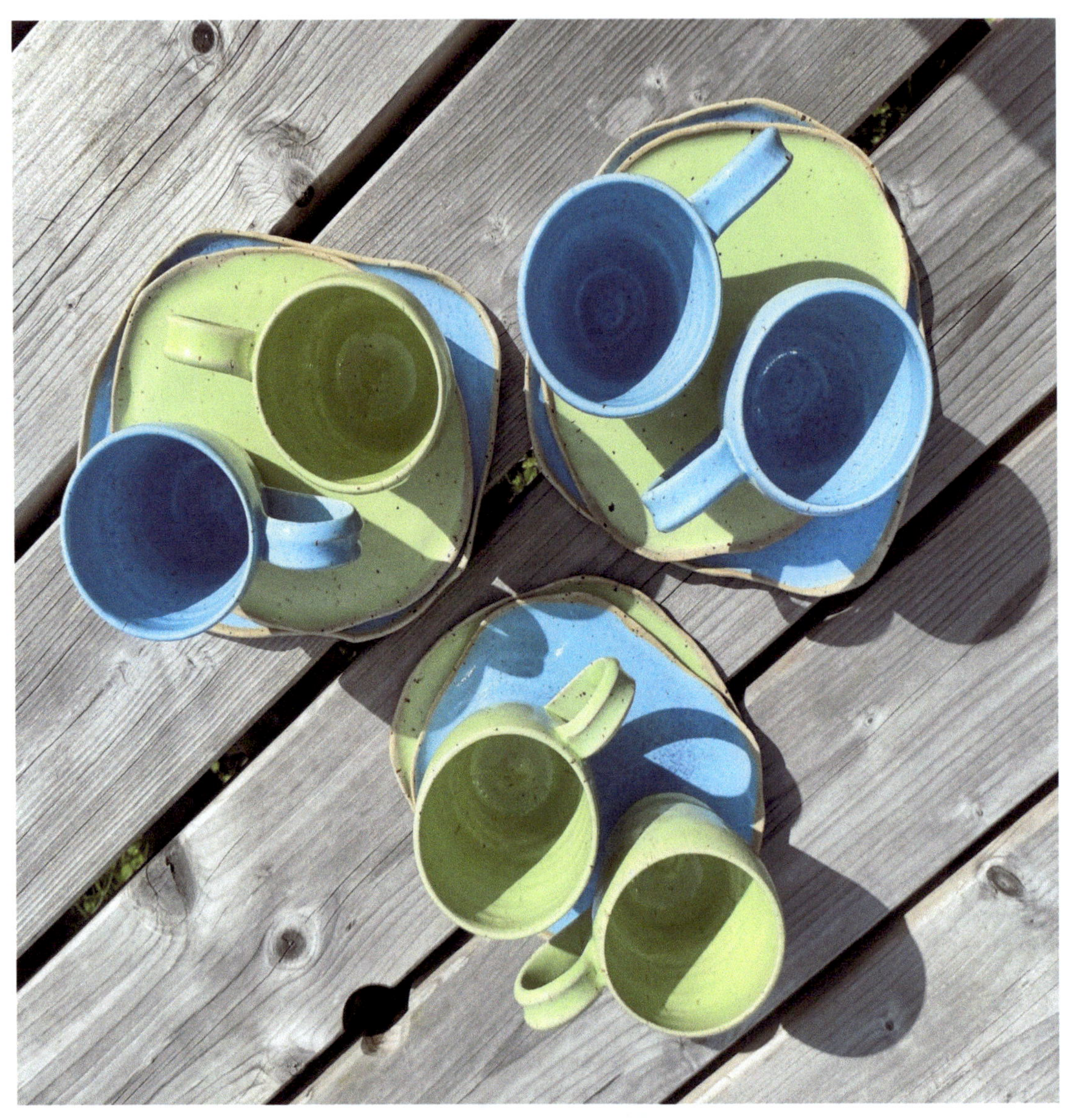

Du kan prøve at lave en kop med fod som et vinglas. Keramik holder hvidvinen kold, når du sidder på terrassen. Modellen kan også fint laves som æggebæger eller shotglas.
Den letteste måde er at dreje en meget tykbundet kop.

1. Når man presser tomlen i midten, lader man simpelthen 5-8 cm være bund.
2. Først ved afdrejningen former man stilk og fod ved at høvle ind med slyngen.
3. Til sidst udhuler jeg foden. Enten på skiven eller bare i hånden.

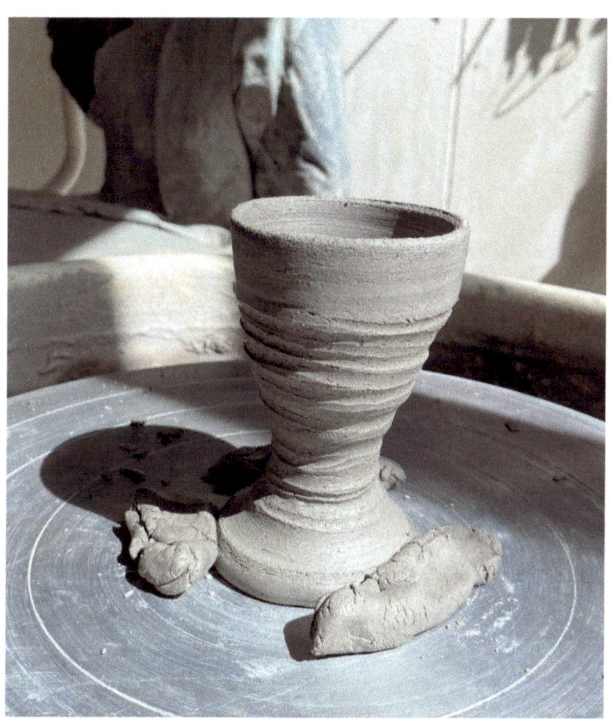

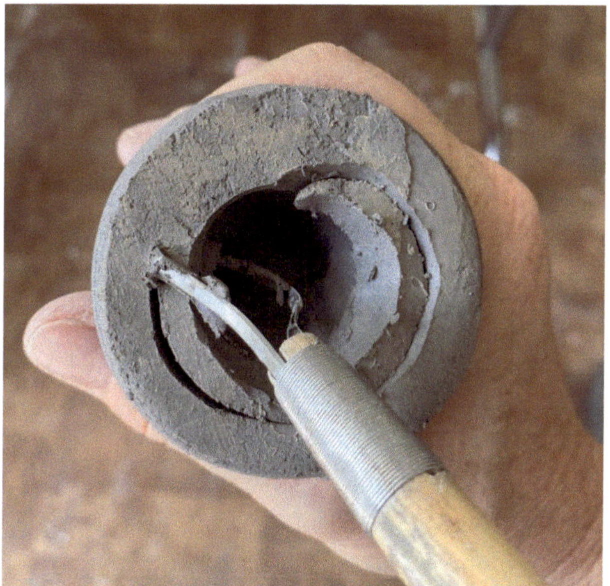

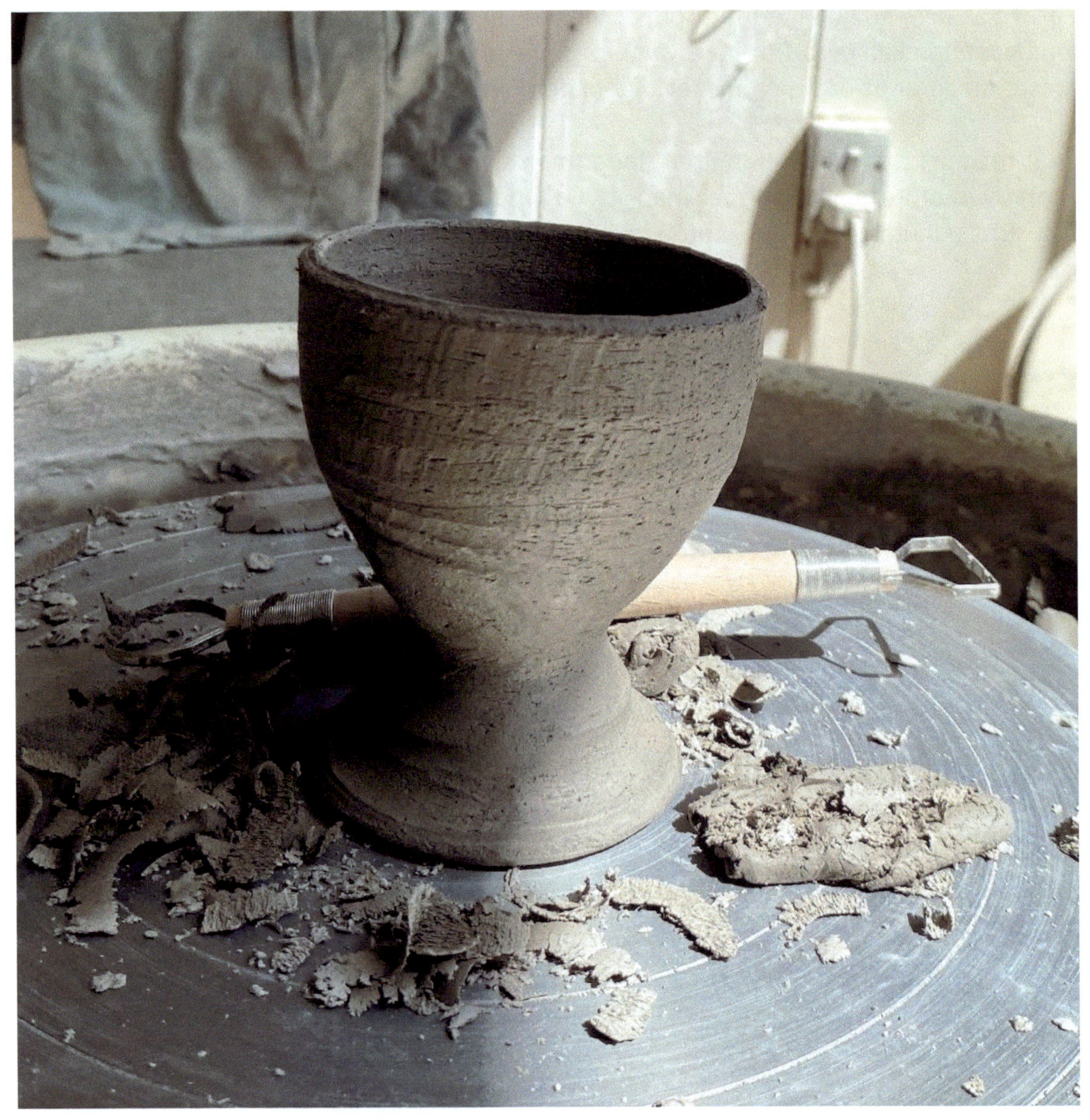

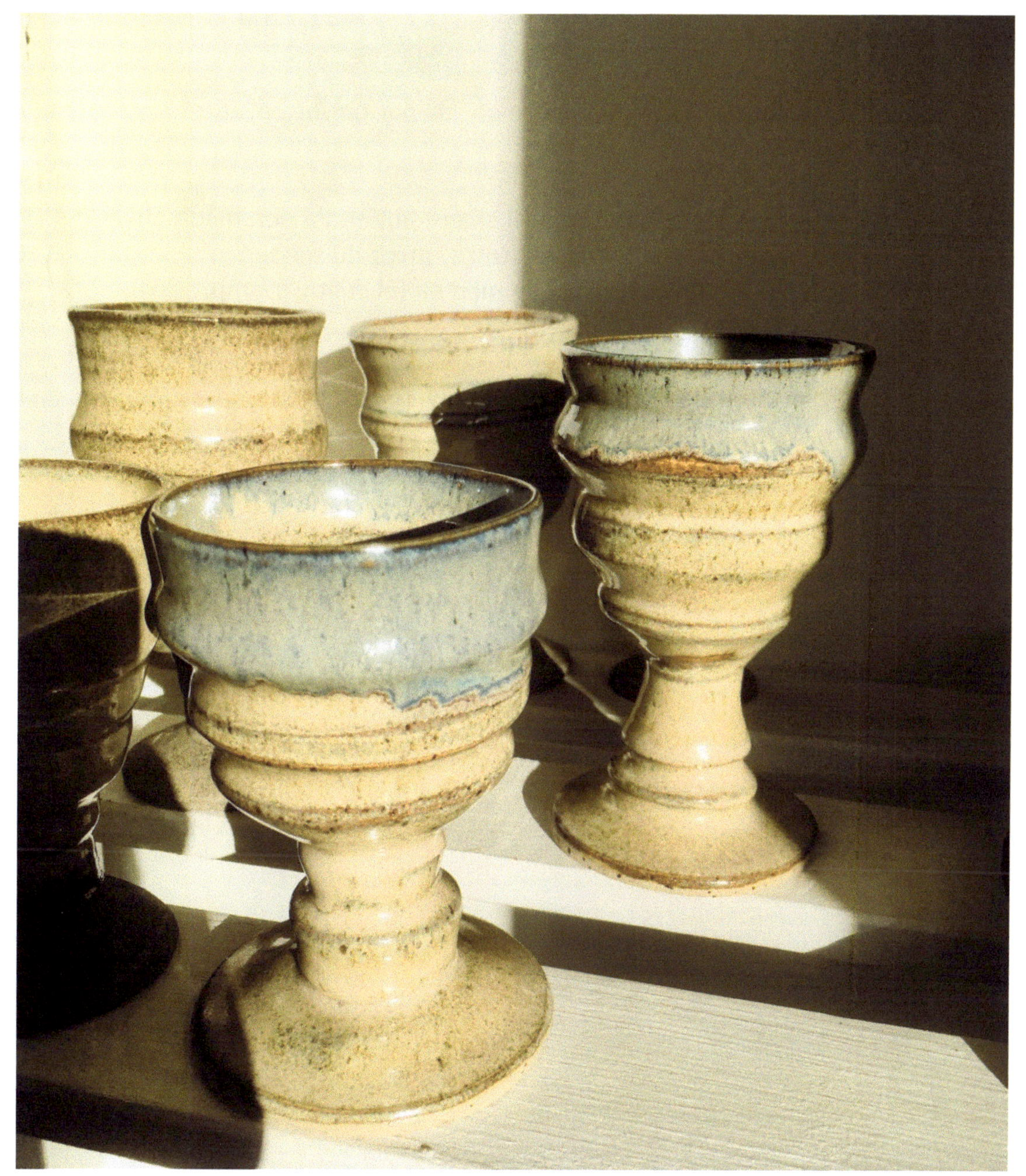

8: Snittet lygte

Du skal bruge en kop, som er læderhård, det kan være en, du har pølset op, lavet i pladeteknik eller drejet, et grillspyd, en slynge, en kniv og en svamp.

1. Du ridser først let op på hele lygten, hvor du vil skære huller. På den måde bliver det ensartet.
2. Sid med lygten i skødet, så du hele tiden kan støtte, mens du snitter.
3. Hullerne tørres til sidst, så de bliver fine runde med en let fugtig svamp.
4. Navn eller logo ridses eller stemples i bunden.
5. Lygten tørres brændes første gang ved 900˚.
6. Lygten dyppes i glasur og brændes. Du kan stille din lygte på en “kiks” i ovnen, hvis du har dyppet tæt til kanten og er bange for dryp. "Kiksene" laves af genbrugsler.

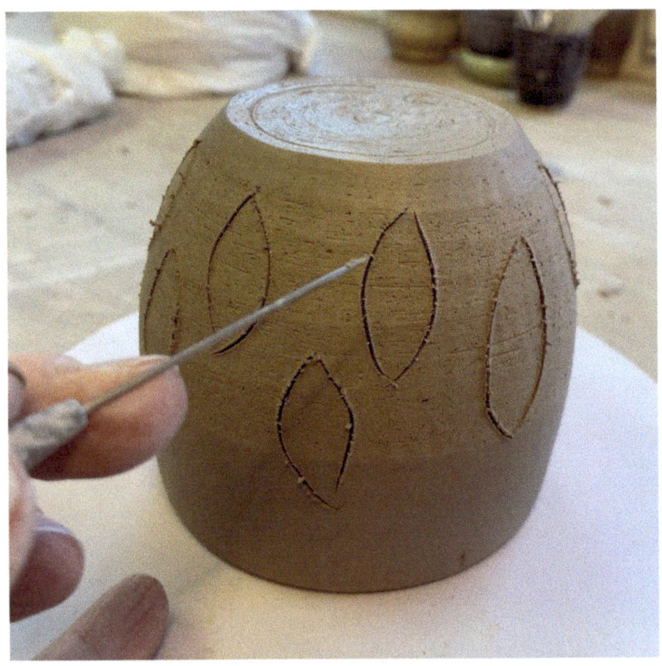
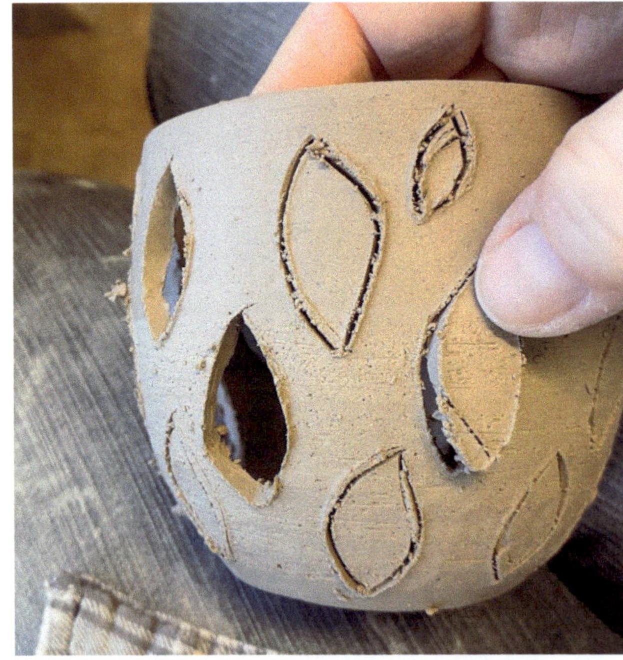

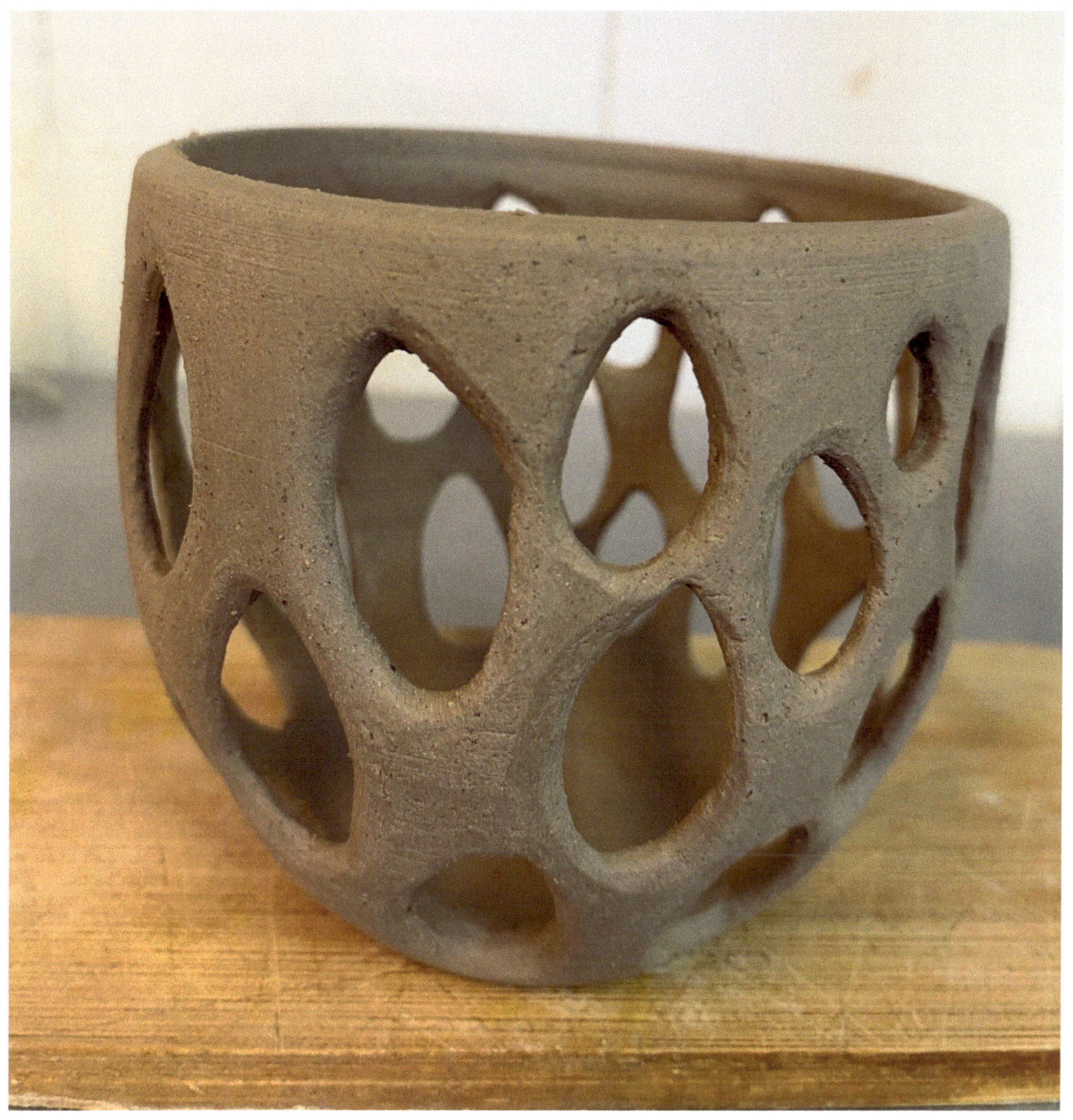

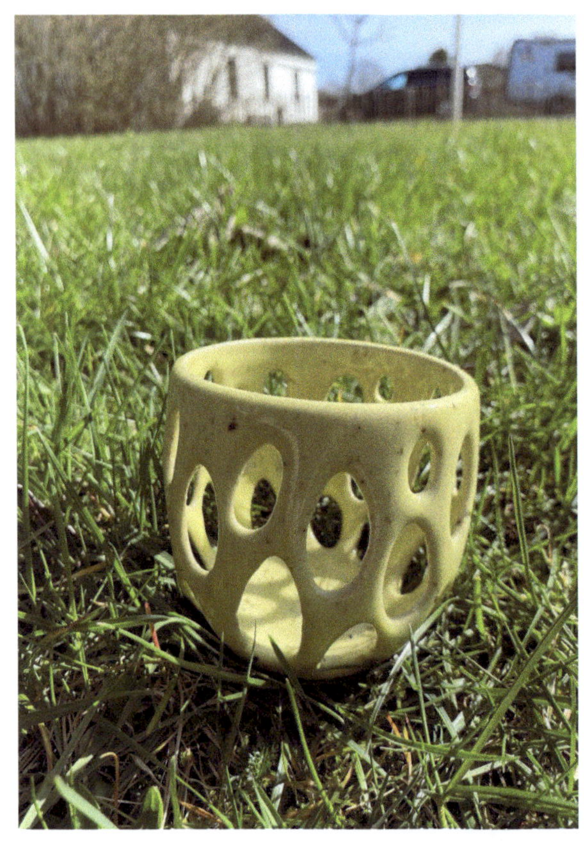

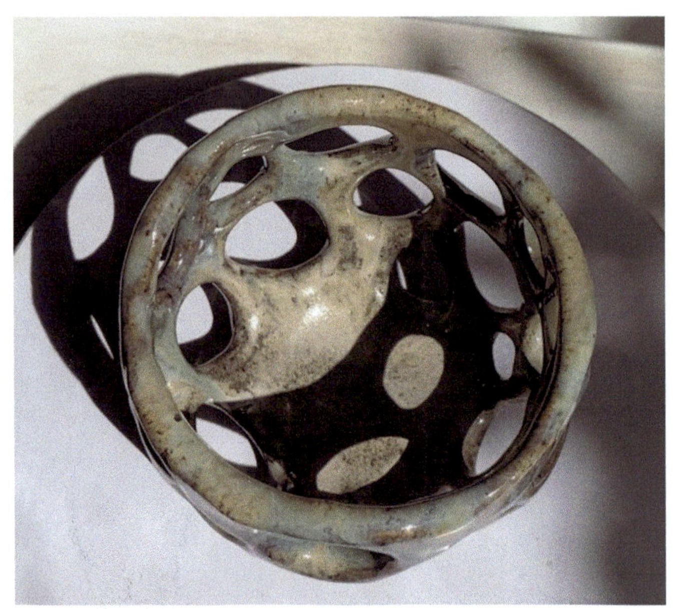

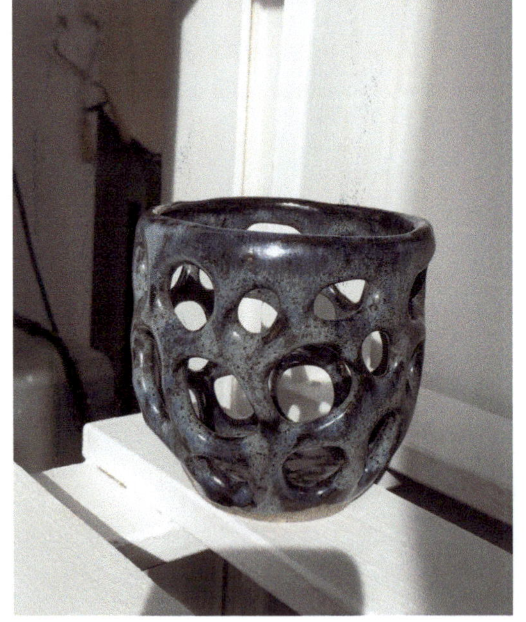

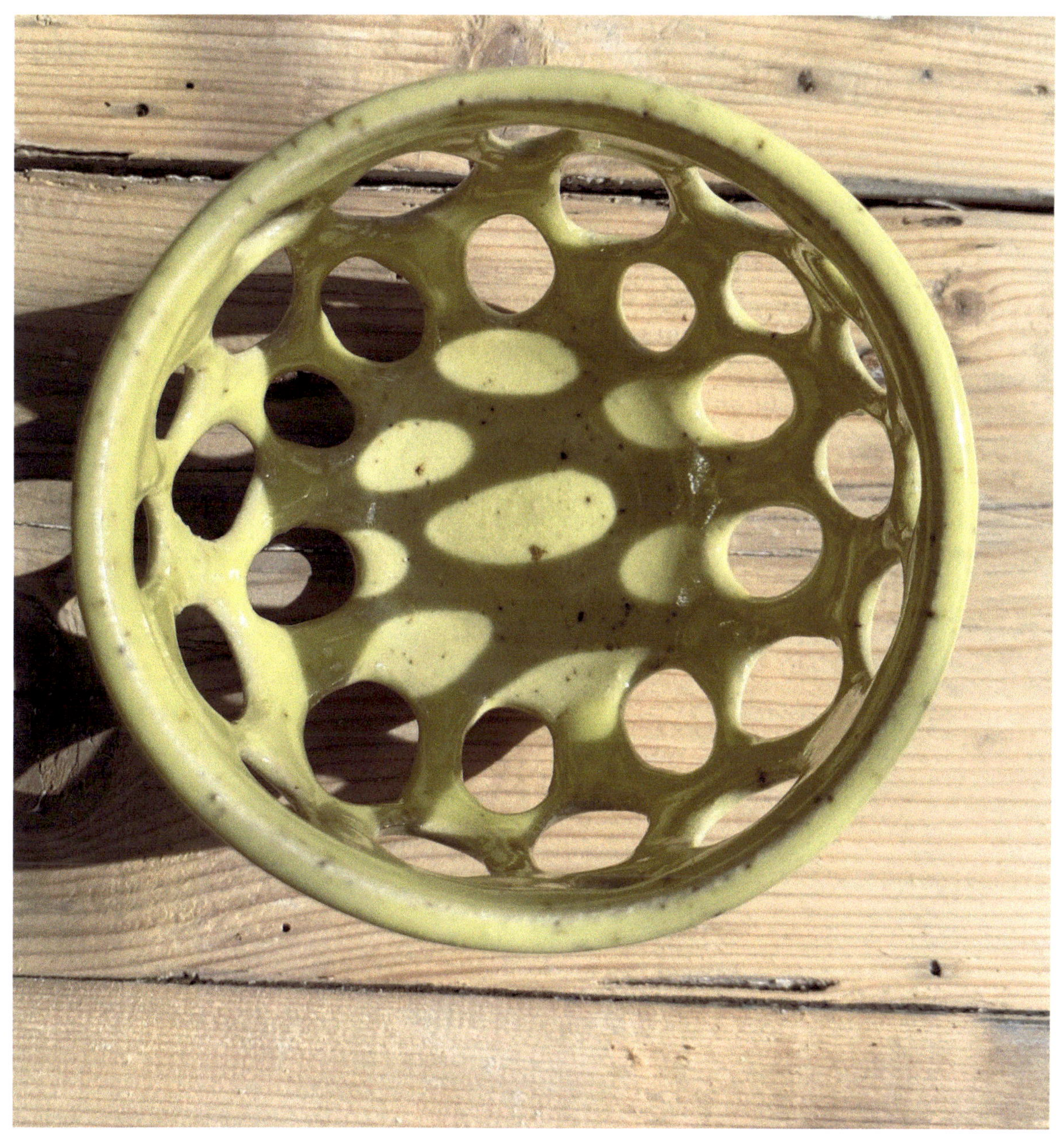

9: Boblevase

Du skal bruge: En cylinder kop, den kan være pølset op, lavet med plader eller drejet, en kniv, en tandstik og svamp. Mens koppen stadig er fugtig, kan du med dine fingre forme bobler.

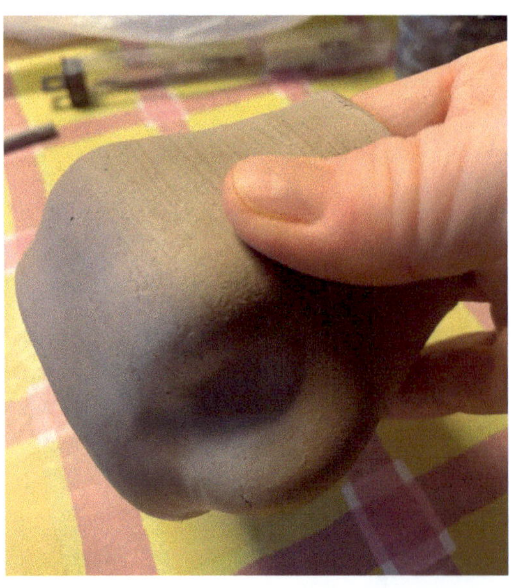

1. Brug begge dine hænder, så du kan holde igen på ydersiden, mens du buler ud fra indersiden.
2. Du trykker og glatter forsigtigt og lidt af gangen.
3. Det vigtige er, at koppen ikke allerede er blevet for tør, for så vil den krakelere.
4. Du kan afslutte overfladen med at tørre med en hårdt opvredet svamp.
5. vasen tørres, brændes 1 gang. Den glaseres inden 2. brænding til 1240˚.

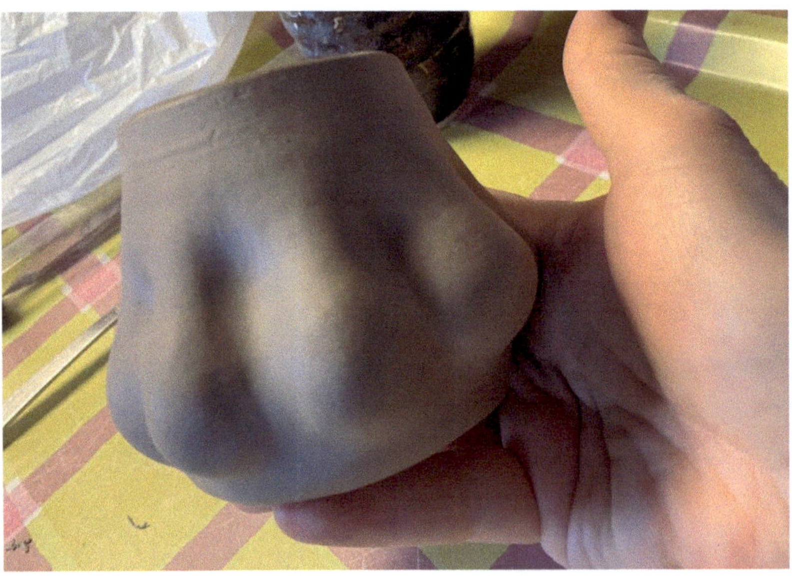

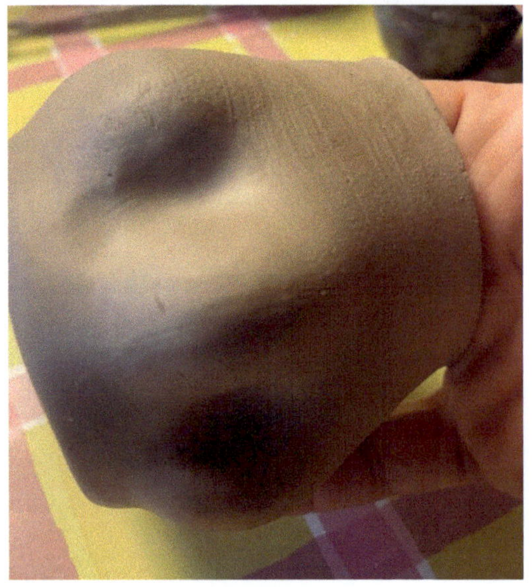

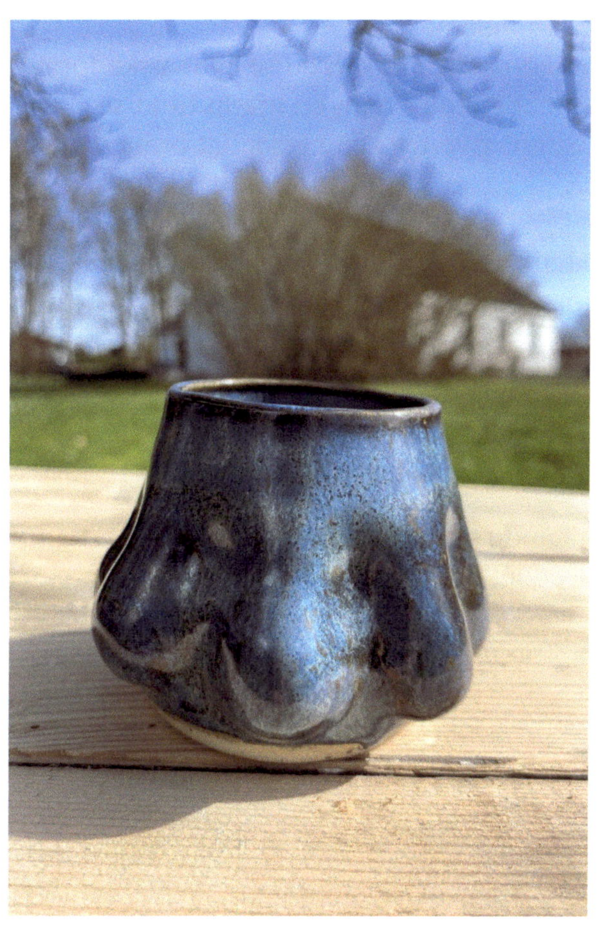

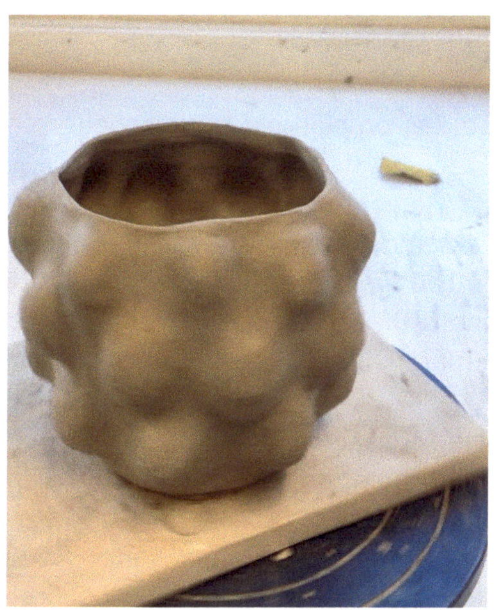

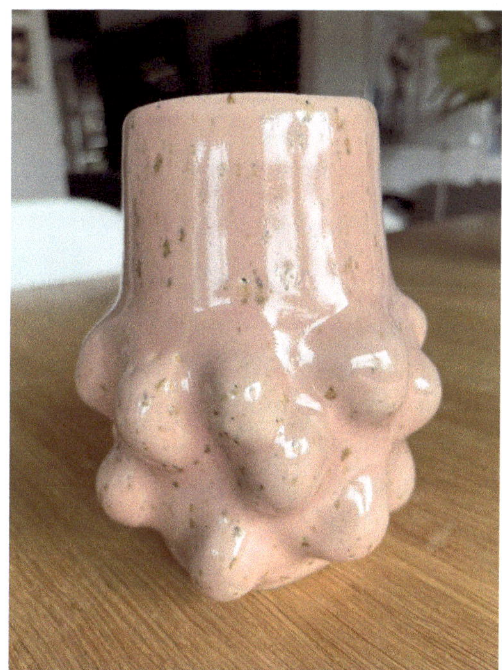

10: Skulptur

Du skal bruge: ler, en plade af træ, modellerpinde eller skeer, ispinde, træ-grillspyd og små slynger.

Det er en god ide at starte med at lave en skulptur efter en model.
Det kan for eksempel være et plastik-dyr eller en menneske-dukke. Så kan du se og mærke former og proportioner. Lad være med at forvente nøjagtig lighed, modellen er bare en hjælp til at se tredimensionelt. Du kan droppe modellen senere i processen, give figuren personligt præg og lade fantasien få mere frit løb.

1. Start med en stor klump ler. Træk lemmer ud af, og klem huller ind i. På den måde hænger figuren meget bedre sammen, end hvis du lavede delene hver for sig.

2. Du kan få brug for at understøtte dele af skulpturen. Det kan du gøre med ler, avis eller paprør. Du kan også stikke grillspyd af træ igennem figuren for at holde en krop eller vinkel. Figuren skal tørre lidt, inden du arbejder videre. Pak den ind i plastik.

3. Når leret er tørret lidt og mere fast at arbejde med, kan du skære fra med en lille slynge og for eksempel lave arme og ben tyndere. Du kan stadig både udhule og sætte nyt ler på.

4. Forsigtigt fjernes understøttelse og grillspyd, når skulpturen er læderhård. Pak ind i plastik natten over.

5. Har du steder på din skulptur, som er tykkere end 4-5 cm, skal du udhule for at undgå eksplosion under brænding. Måske kan du udhule nede fra.
Hvis ikke, må du skære over med tråd, skære ler ud med en slynge og sætte figuren sammen igen med rids og slikker, nøjagtig som når man arbejder med pladeteknik. Du kan arbejde med din figur ligeså længe du vil, hvis du bare sørger for, at den ikke tørrer ud. Brug eventuelt en fugtkasse med våde aviser, som beskrevet tidligere.

6. Tørring skal foregå langsomt, fordi en skulptur har forskellig tykkelse, så vær tålmodig. Hvis du ikke vil glasere din skulptur, brænder du kun en gang, men meget gerne til 1240˚.

Vær opmærksom på at ansigtstræk og detaljer kan gå tabt i en glasering. Jeg synes selv, at en skulptur er rigtig flot i rå sort stentøjsler, altså uden glasur.

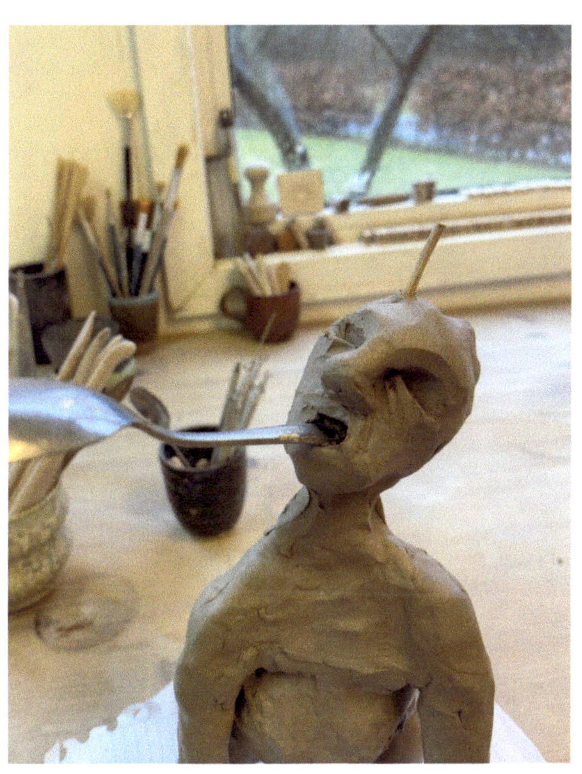

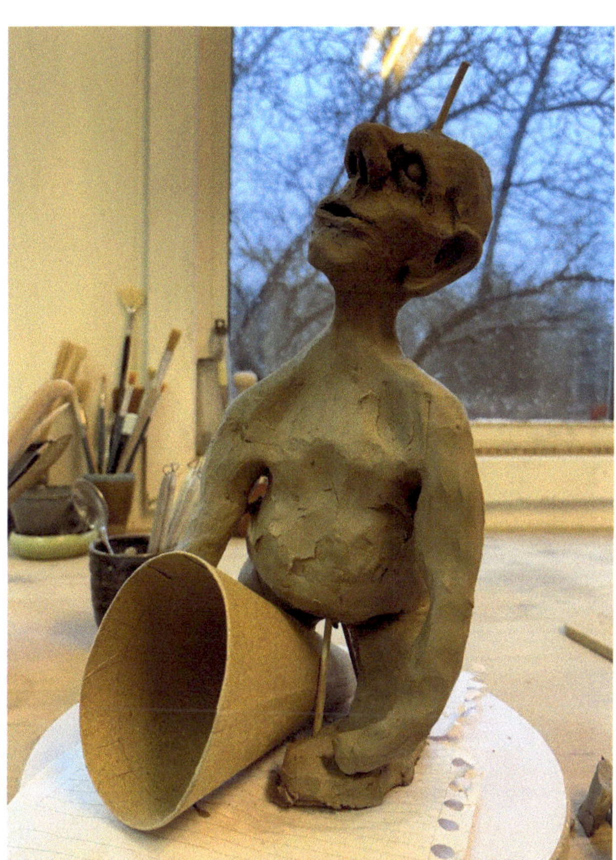

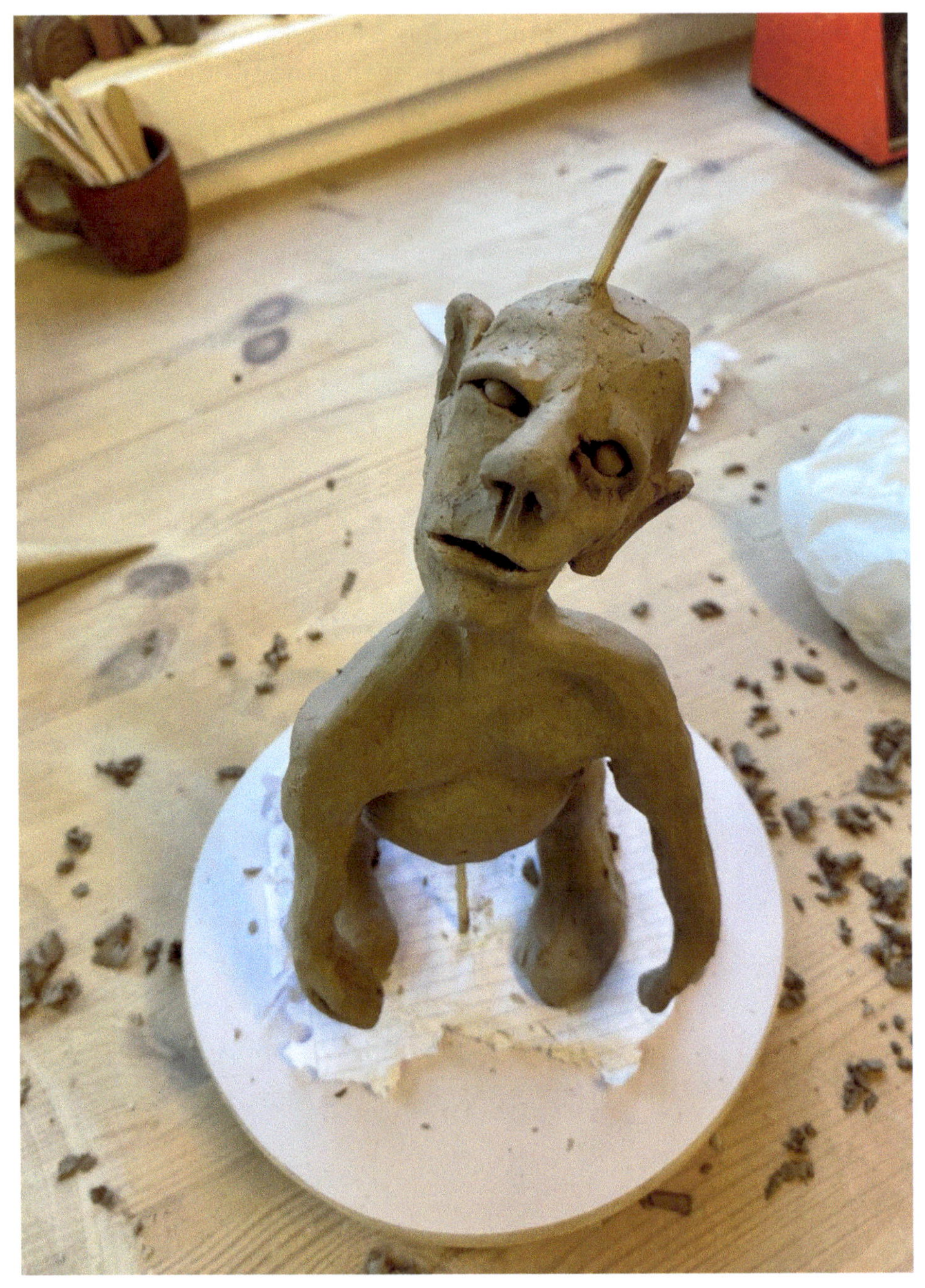

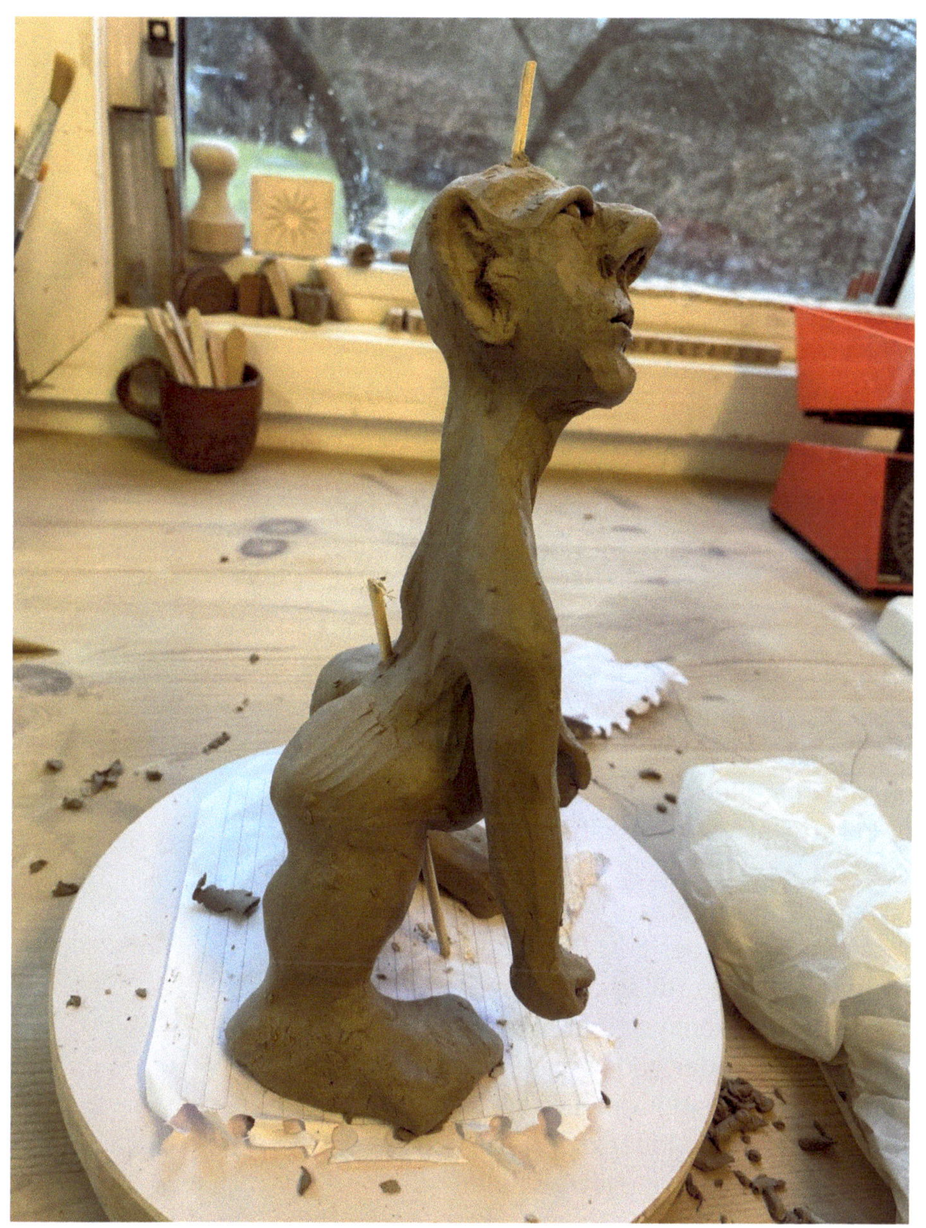

Kreativitet og leg

“Nytænkning er stærkt overvurderet," skrev en ven til mig for nylig.

Jeg har i mit liv som lærer været frygteligt irriteret over brugen af ordet “kreativ”. Den store misforståelse om, at alt, hvad man fremstiller med hænderne manuelt, er kreativt. Det er det jo langt fra!

Det gør absolut ikke oplevelsen eller produktet mindre værd, hverken for skaberen eller ejeren. Men alt med en opskrift, en brugsanvisning eller en manual er altså reproduktion.

Forhåbentligt er det sjovt eller rekreativt for os, der laver det, og forhåbentlig bliver nogen rigtig glade for det, man har fremstillet.

Kreativitet er en skabende evne eller virksomhed. Definitionen handler om opfindsomhed, iderigdom og det at lave eller finde på noget nyt. Begrebet bruges jo faktisk oftest positivt om en aktivitet, og det er jo skønt.

Min irritation har nok mest handlet om, at jeg selv har ønsket og stræbt efter at være kreativ, at være nyskabende og at finde på noget, som ikke er set før!

Men nytænkning er stærkt overvurderet. Der er allerede udtænkt vanvittige mængder af fantastiske designs. Der er så meget forskelligt derude, at man aldrig når at se det.

Mine kursisters bekymring for at komme til at stjæle ideer fra andre er umulig at efterleve. Et eller andet sted derude i verden er der en, som har fundet på nøjagtigt det samme som dig!

Min anbefaling er, brug løs af andres ideer og erfaringer, lad dig endelig inspirere af deres ting, og lav meget gerne en nyfortolkning, hvis du kan.

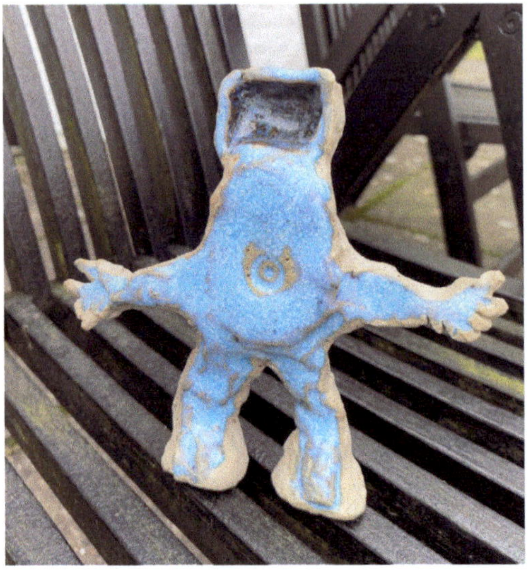

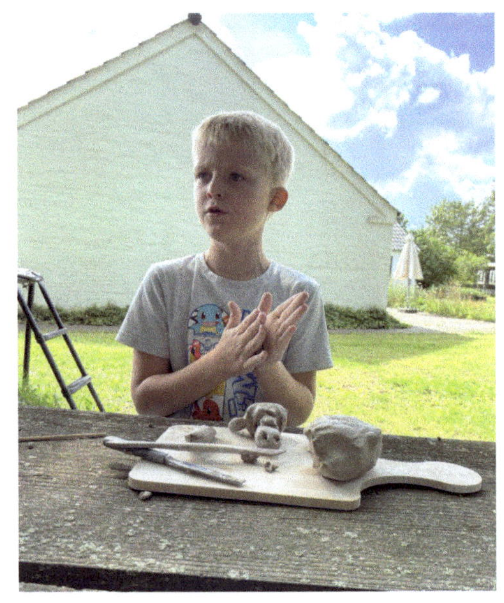

Jeg har lavet 10 helt konkrete forslag til projekter til jer derude. Det er ment som en kærlig hjælp til at komme i gang. Men jeg håber inderligt, at I alle lader jer rive med, selv eksperimenterer og opfinder. Lad den frie leg få lov til at få masser af tid og plads i livet! Tænk ikke på hvad figuren skal bruges til, hvor lang tid det tager at lave den, eller hvad man lige præcis lærer ved at lave den!

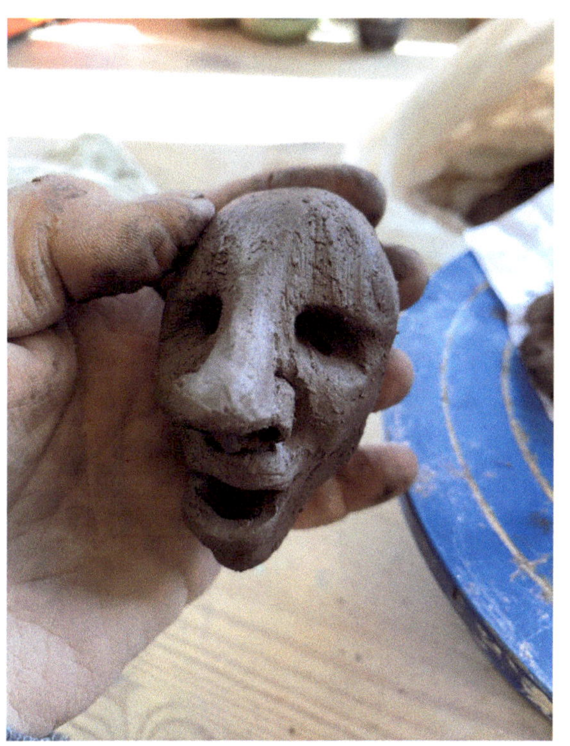

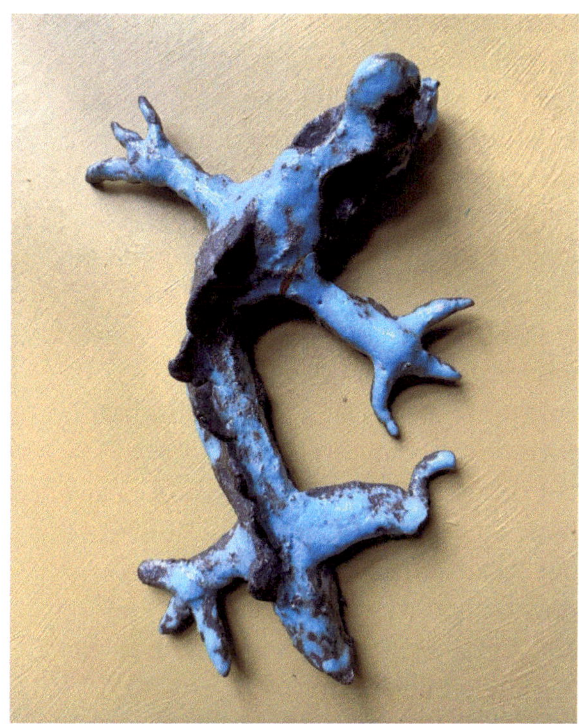

Keramik som terapi

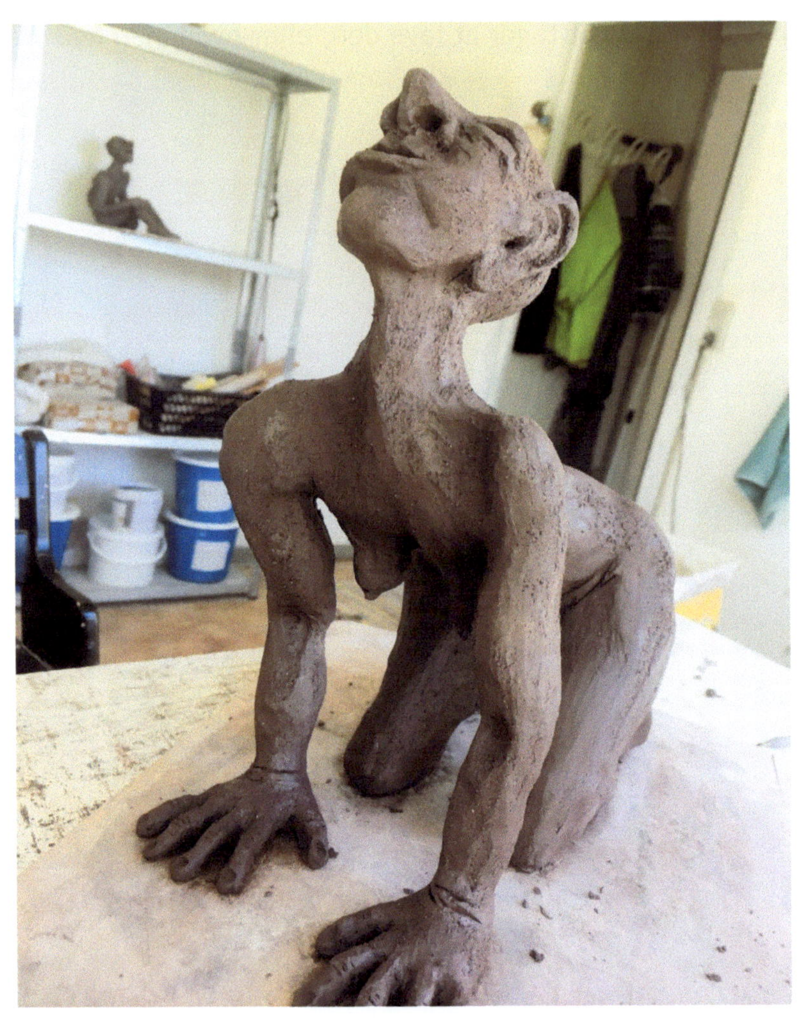

Jeg har altid haft et liv med store følelsesmæssige udsving. Min mand plejer at sige, at jeg godt nok oplever verden stærkt! Da jeg var ung, kunne jeg fortabe mig selv totalt i tankemylder, sortsyn og selvmedlidenhed. Dengang fandt jeg langsomt ud af, at når jeg tegnede, malede og modellerede, kunne jeg bedre holde mig selv og verden ud. Jeg mødte tidligt nogle inspirerende voksne, som arbejdede med kunst og håndværk, og som jeg spejlede mig i. Jeg tror, det blev min redningsplanke, i forhold til hvad jeg ellers kunne have havnet i af selvforglemmende stimuli!

Jeg oplever stor glæde og fordybelse, når jeg drejer og modellerer. Den håndværksmæssige og skabende proces giver mig både ro i sindet og ny energi til livet. Når det lykkes at fokusere min opmærksomhed på én aktivitet, det kan være at snitte et bestemt mønster over en hel overflade eller at dreje en form 10 gange, så kan jeg for en stund lukke verden ude. Jeg glemmer tid og sted, jeg mærker kun lerets tekstur, solens stråler og baggrundsmusikkens toner. Det føles som lykke!

De sidste par år af mit liv har budt på den største sorg, jeg har oplevet. Jeg mistede min lille dreng, og kun to måneder senere døde min far. Sorg fylder det hele, når den rammer, både i hovedet og i kroppen, og alt der er tilbage, virker ligegyldigt og meningsløst.

I starten gav jeg ikke mig selv lov til at gå i keramikværkstedet. Jeg latterliggjorde hele ideen om at sidde og fedte med en klat ler, når verden var styrtet i grus omkring mig. Hvad skulle det nytte?
Men med tiden nyttede det faktisk! Jeg begyndte at sove igen om natten. Jeg havde gode og dybe samtaler med mine nærmeste, og jeg gik i værkstedet. Jeg mærkede leret i mine hænder og drejede og modellerede til smuk musik. Jeg fik aldrig rigtigt lavet noget færdigt, men jeg helede langsomt indeni, og arbejdet med leret var en vigtig del af, at jeg rejste mig igen, og idag er istand til at leve med sorgen.
Vi har i vores samfund meget fokus på produkt og ikke processen i håndværket. Men det er netop undervejs i et håndværk, at man oplever ro, tilstedeværelse og mening.
Jeg nyder at være i gang med for eksempel en skulptur. Prøve mig frem og se den komme til live i mine hænder. Når den så er færdig, er det faktisk lidt trist, at vi ikke skal være sammen mere! Ligesom når en god roman slutter, og man virkelig savner at komme ind i den igen.
Mange har gode ideer til, hvad jeg kunne gå i gang med at producere, så jeg kan sælge mere og dermed få succes. Det er velment, men tiltaler mig ikke meget. For mig har det at have et håndværk at fordybe sig i, at dyrke processen netop for fordybelsens skyld, sin fulde berettigelse.

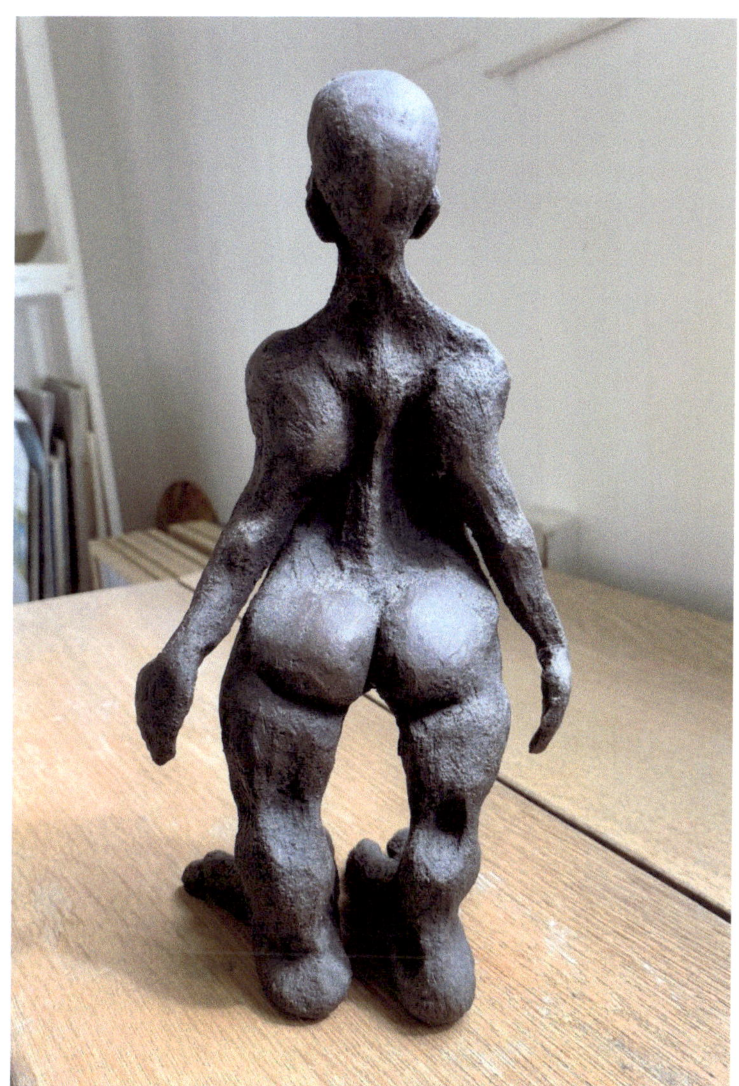